Ida Pfeiffer

Reise nach dem skandinavischen Norden und der Insel Island im Jahre 1845

Erster Band

Ida Pfeiffer

Reise nach dem skandinavischen Norden und der Insel Island im Jahre 1845
Erster Band

ISBN/EAN: 9783337360627

Hergestellt in Europa, USA, Kanada, Australien, Japan

Cover: Foto ©Andreas Hilbeck / pixelio.de

Weitere Bücher finden Sie auf **www.hansebooks.com**

Reise
nach dem
skandinavischen Norden
und der
Insel Island
im Jahre 1845.

Von

Ida Pfeiffer,
geborne Reyer,
Verfasserin der »Reise einer Wienerin in das heilige Land«.

Mit einer Karte der Südwestküste der Insel Island.

Zweite Auflage.

Erster Band.

Pest, 1855.

Verlag von Gustav Heckenast.

Pest, 1855. Gedruckt bei Landerer und Heckenast.

Inhalt des ersten Bandes.

	Seite
Vorrede	I
Abreise von Wien	7
Prag	13
Von Kopenhagen nach Island	64
Meine Ankunft zu Havenfiord und Reise nach Reikjavik	84
Kleine Ausflüge nach Vatne, der Insel Vidöe und nach Lachselv zum Lachsfange. Cavalcade nach Vatne	132
Nach Vidöe	140
Lachsfang	142
Die Schwefel-Quellen und Schwefel-Berge zu Krisuvik	147
Reise nach Reikholt (Reikiadal) und der Grotte Surthellir	164
Kurze Uebersicht dieser Reise	215

Vorrede.

»Abermal eine Reise, und noch dazu in Gegenden, die Jedermann eher flieht als aufsucht. Es scheint diese Frau macht solche Reisen nur, um Aufsehen zu erregen.«

»Die erste Reise, für eine Frau allein, zwar auch schon ein ziemliches Wagestück, die könnte man ihr in Gottesnamen noch hingehen lassen; – – da mögen religiöse Ansichten zum Grunde gelegen haben, und mit solchen, weiß man wohl, leistet der Mensch oft Unglaubliches. – Aber nun sieht man keinen vernünftigen Grund mehr ein, ein ähnliches Unternehmen zu entschuldigen! –«

So, und vielleicht noch strenger, werden wohl die Meisten über mich urtheilen. – Und doch thut man mir sehr unrecht. – Ich bin gewiß einfach und harmlos, und hätte mir eher alles in der Welt träumen lassen, als je durch irgend etwas einige Aufmerksamkeit auf mich zu lenken. – Ich will nur in Kürze meinen Charakter und meine Verhältnisse andeuten, da wird dann schon meine Handlungsweise das Sonderbare verlieren und natürlich erscheinen.

Schon als zartes Kind hatte ich die größte Sehnsucht hinaus in die Welt zukommen. Begegnete ich einem Reisewagen, blieb ich unwillkürlich stehen, und sah ihm nach bis er meinen Blicken entschwunden war; ich beneidete sogar den Postillon, denn ich dachte, er habe die ganze große Reise mitgemacht.

Als Mädchen von zehn, zwölf Jahren las ich nichts mit größerer Begierde, als Reisebeschreibungen, und beneidete zwar keinen Postillon mehr, wohl aber jeden Weltumsegler, jeden Naturforscher.

Oft stahlen sich Thränen in meine Augen, wenn ich einen Berg erstiegen hatte, andere wieder sich vor mir aufthürmten, und ich nicht hinüber gelangen, nicht sehen konnte was jenseits lag.

Ich machte manche Reise mit meinen Eltern, und als ich verheirathet war, auch mit meinem Manne, und blieb erst zurück, als meine beiden Knaben heranwuchsen, und bestimmte Schulen besuchen mußten.

Die Geschäfte meines Mannes forderten seine Gegenwart theils in Wien, theils in Lemberg. Er übergab mir daher gänzlich die Erziehung und Leitung der Knaben; er kannte meinen festen Charakter, meine Beharrlichkeit in Allem was ich unternahm; er wußte, daß ich ihnen Vater und Mutter sein würde.

Als die Erziehung meiner Söhne geendet war, und ich in stiller Zurückgezogenheit lebte, da geschah es, daß meine Jugendträume und Phantasien nach und nach wieder auftauchten. Ich dachte an fremde Sitten und Gebräuche, an andere Welttheile, an einen andern Himmel und Boden. Ich träumte von dem unbeschreiblichen Glücke, jene Orte zu betreten, die unser Heiland durch seine Gegenwart heiligte, – und faßte endlich den Entschluß auch dahin zu wandern.

Ich stellte mir alle Hindernisse und Gefahren vor, ich suchte mich von diesen Ideen loszureißen – doch vergebens. – Aus Entbehrungen machte ich mir wenig, mein Körper war abgehärtet und gesund, den Tod fürchtete ich nicht, und im vorigen Jahrhundert geboren, konnte ich auch allein reisen. Somit war jede Gefahr beseitiget, Alles reiflich überdacht und überlegt, und ich trat mit wahrem Entzücken die Reise nach Palästina an, – und siehe, ich kehrte glücklich zurück. – Ich glaube nun, weder vermessen gegen Gottes Güte zu handeln, noch der Sucht nach Bewunderung beschuldigt werden zu können, wenn ich meinem innern Drange folge, und mich noch weiter in der Welt umsehe. – Island wählte ich, weil ich da eine Natur zu finden hoffte, wie nirgends in der Welt. Ich fühle mich in der Anschauung erhabner Naturscenen so überirdisch glücklich, meinem Schöpfer so nahe gebracht, daß in meinen Augen keine Beschwerde, keine Mühe zu groß ist, wenn ich solche Empfindungen darum erkämpfen kann.

Und sollte mich einst auf einer meiner Wanderungen der Tod ereilen, so werde ich ihm ruhig entgegen sehen, und Gott innig danken für die heiligen schönen Stunden, welche ich lebte, wenn ich seine Wunder schaute.

Dich, lieber Leser, bitte ich, mir nicht zu zürnen, daß ich so viel von mir schrieb. Allein weil diese meine Reisebegierde sich, nach den Begriffen der meisten Menschen, für eine Frau nicht ziemt, so mögen diese meine angebornen Gefühle für mich sprechen und mich vertheidigen.

Beurtheile mich nicht zu strenge, gönne mir vielmehr eine Freude, die Niemanden schadet und mich so glücklich macht.

Die Verfasserin.

Abreise von Wien.

Im Jahre 1845 trat ich also abermal eine bedeutende Reise an, und zwar nach dem hohen Norden. – Island war eine jener Gegenden, nach denen ich mich seit dem Anfange meines Denkens sehnte. – In diesem von der Natur ganz eigenthümlich ausgestatteten Lande, das wohl nirgends auf Erden seines Gleichen finden mag, da hoffte ich Dinge zu schauen, die mich mit neuem, unnennbarem Erstaunen erfüllen würden. – – O, mein gütiger Gott, wie bin ich Dir so dankbar, meine Lieblingsträume sich in Erfüllung verwandeln zu sehen! –

Von allen meinen Lieben nahm ich dießmal viel leichteren Abschied; ich hatte nun schon erprobt, daß eine Frau mit festem Willen in der Welt eben so gut fort kömmt, wie ein Mann, und daß man überall gute Menschen findet. – Dazu kam noch, daß die Beschwerden auf dieser Reise nur kurze Zeit währen dürften, und daß ich in fünf bis sechs Monaten wieder bei den Meinigen sein konnte.

Am 10. April, Morgens 5 Uhr, reiste ich von Wien ab. – Da die Donau kürzlich einige Verheerungen angerichtet hatte, bei denen auch die Eisenbahn nicht leer ausgegangen war, so legte ich die erste Meile bis Florisdorf in einem Omnibus eben nicht am angenehmsten zurück. – Unsere Omnibuse sind so enge und knapp, daß man denken sollte, sie seien nur für Schwindsüchtige, aber nicht für gesunde, und mitunter recht stattliche Reisende, die noch zum Ueberfluße mit Mänteln, Pelzen und Reiseröcken reichlich versehen sind, berechnet.

Kaum an der Linie angelangt, stellte sich uns ein neues Hinderniß entgegen. Wir gaben nach der Reihe unsere Passirscheine ab, nur der Letzte, ein junger Mann, war über dieses Begehren ganz erstaunt. Er hatte nichts bei sich als seinen Paß und seine Zeugnisse, und wußte nicht, daß ein Passirschein wichtiger sei als jene Beide. Er ging selbst in die Kanzlei, machte dem Beamten Vorstellungen; – doch vergebens – wir mußten ohne ihn die Reise fortsetzen.

Nun erfuhren wir erst, daß es ein Studierender sei, der soeben seine Rigorosen geendet, und sich einige Wochen bei seinen Eltern, in der Nähe Prags, erholen wollte. – Ach der Arme! Er hatte so viel studirt, und doch zu wenig! – Er wußte nicht, daß ein solches Dokument von so außerordentlicher Wichtigkeit sein konnte. – Wegen dieses kleinen Versehens büßte er die Reisespesen bis Prag, die in vorhinein bezahlt waren.

Doch weiter in meiner Reise.

In Florisdorf überraschte mich freudig die Gegenwart meines Bruders und meines Sohnes, die mir ungesehen vorgefahren waren. – Wir bestiegen nun zusammen die Eisenbahn, um nach Stockerau (drei Meilen) zu fahren; doch auf halbem Wege mußten wir aussteigen, und ein Stück zu Fuß wandern. Der Eisenbahn-Damm war hier eingesunken. – Zum Glück begünstigte uns das Wetter so weit, daß wir zwar einen furchtbaren Sturm, aber wenigstens keinen Regen hatten; sonst wären wir ganz durchnäßt geworden, und würden bis an die Knöchel in Koth gesunken sein. An Ort und Stelle angelangt, mußten wir unter freiem Himmel so lange warten, bis die Dampfwagen von Stockerau kamen, ihre Reisenden ausluden und uns dagegen einnahmen.

In Stockerau nahm ich von meinen Begleitern nochmal Abschied, und wurde in den Post-Stellwagen gehörig verpackt und weiter spedirt.

Auf dieser kurzen Strecke war dieß nun der vierte Wagen, den ich bestieg, – eine große Unannehmlichkeit schon, wenn man nichts bei sich hat, eine um so größere, wenn man noch für Reisegepäck sorgen muß; und dafür wüßte ich keine andere Entschädigung, als daß wir diese 4 Meilen um eine halbe Stunde schneller zurücklegten, und anstatt, wie früher, von Wien bis Prag 9 fl. 36 kr., jetzt von Stockerau bis Prag 10 fl. 10 kr. zahlt, Omnibus und Eisenbahn noch gar nicht eingerechnet. – Gewiß, eine theuer erkaufte halbe Stunde.

Das Städtchen Znaim mit einem Kloster in der Nähe, liegt in einer weiten Ebene, die sich von Wien bis gegen Budwitz, vier Meilen hinter Znaim, zieht, und deren Einförmigkeit nur hie und da durch niedere Hügel unterbrochen wird.

Bei Schelletau gewinnt die Gegend ein freundlicheres Ansehen. – Links fesselt das Auge ein Kranz von höhern Bergen, geschmückt mit einer Burgruine, bei deren Anblick man sich an eine jener tragischen Rittergeschichten aus den vorigen Jahrhunderten erinnern kann; um den Weg selbst ziehen sich Nadelgehölze, oder sie liegen in schönen Gruppen auf den Hügeln und in den Thälern zerstreut.

11. April.

Schon gestern begünstigte uns die Witterung nicht im Geringsten. – Bei Znaim fanden wir die Thäler noch theilweise mit Schnee bedeckt, und oft überfielen uns Nebel, daß man kaum 100 Schritte weit sehen konnte. – Doch heute ging es noch ganz anders.

Die Nebel lösten sich in einen sanften Regen auf, der aber von Station zu Station so viel von seiner Sanftheit verlor, daß bald Alles um uns her in Wasser stand. – Aber nicht genug, im Wasser fahren zu müssen, mußten wir auch im Wasser sitzen, denn das Dach unseres Wagens schien ein vollkommenes Sieb werden zu wollen, durch das der Regen seinen Eingang nahm. Wenn es der Raum erlaubt hätte, all unsere Regenschirme wären aufgespannt worden.

Bei solchen Gelegenheiten bewundere ich immer im Stillen die Geduld meiner guten Landsleute, die nehmen Alles höchst gelassen auf. – Wäre ich ein Mann, ich würde ganz anders sein, und gewiß keine Nachlässigkeit ungerügt lassen. So aber, als Frau schweige ich; man würde sich nur über mein Geschlecht erzürnen, und es launenhaft nennen. – Ueberdieß dankte ich meinem Schutzgeist für diese Widerwärtigkeiten. Ich nahm sie als Vorbereitungen dessen, was in dem hohen Norden über mich kommen sollte.

Wir berührten verschiedene Städtchen und Dörfer, und betraten endlich, gleich hinter Iglau, das böhmische Gebiet. – Das erste Kreis-Städtchen, das sich in diesem Königreiche unserm Blicke darbot, war Czaslau mit einem großen Platze und einigen netten Häusern, die mit sogenannten Lauben versehen sind, damit man bei dem schlechtesten Wetter trocknen Fußes um den Platz gehen könne.

Auf der ferneren Reise sieht man einen schönen Dom mit dem dazu gehörigen Orte Kuttenberg, einst berühmt durch Gold- und Silberminen; – weiter die große Tabakfabrik Sedlitz und zum erstenmale die Elbe, doch nur auf kurze Zeit, da sie bald wieder eine andere Richtung einschlägt. Und nun passirt man das Städtchen Collin, und fährt knapp an dem Schlachtfelde vorüber, auf dem der große König Friedrich im Jahre 1757 die Zeche an die Oesterreicher bezahlte. – Rechts auf einer kleinen Anhöhe steht ein Obelisk, der erst vor wenig Jahren dem Andenken des Generals Daun gesetzt wurde, – links breitet sich die Ebene Klephorcz aus, auf welcher die Oesterreicher aufgestellt waren.

Prag

erreichten wir Nachts um 11 Uhr.

Ich wollte schon nach zwei Tagen meine Reise fortsetzen, und mein erster Gang war am folgenden Morgen auf das Polizeiamt, um nebst dem Paß das viel wichtigere Dokument eines Passirscheines zu holen, – mein zweiter auf die Hauptmauth, um ein Kistchen in Empfang zu nehmen, das ich fünf Tage vor meiner Abreise aufgegeben hatte und nach des Spediteurs Zusicherung bei meiner Ankunft vorfinden würde.[1] – Ach Herr Spediteur! das Kistchen war nicht da. – Auf Samstag folgt Sonntag; Sonntags aber ist die Mauth geschlossen. – Ein Tag also war verloren, ein ganzer Tag, in dem man hätte nach Dresden fahren, und sogar noch die Oper besuchen können.

Aber Montag Früh eilte ich auf die Mauth, in banger Erwartung – das Kistchen war noch nicht da. Es standen jedoch mehrere beladene Wagen hier, auf deren einem es sich befinden konnte. – Ach, wie sehnte ich mich mein Theuerstes zu erblicken, um es, zwar nicht an's Herz zu drücken, wohl aber um es aufzuschließen, und – vor den Zollbeamten auszukramen. –

In Prag hielt ich nur schnelle Uebersicht, da ich schon vor mehreren Jahren Alles genau besehen hatte. Ich bewunderte den schönen Graben und Roßmarkt, und die breiten, mit netten Häusern eingefaßten Straßen der Neustadt. – Mit einem eigenen Gefühle betrat ich die alte Steinbrücke, von welcher der heilige Johann von Nepomuck in die Moldau gestürzt wurde, weil er das Sündenbekenntniß der Gemahlin des Königs Wenzel nicht veröffentlichen wollte. Am jenseitigen Ufer bestieg ich den Hradschin und besuchte den Dom, in welchem ein großer Sarkophag, von Engeln umgeben und getragen, und von einem Baldachin aus dunkelrothem Damast überwölbt, dem Andenken dieses Heiligen gewidmet ist. – Das Monument ist von Silber, und der Werth des dazu verwendeten Metalles allein wird auf 80,000 fl. geschätzt. Die Kirche selbst ist nicht groß, aber im edlen gothischen Style gehalten, gegen welchen leider die Nebenaltäre mit ihren zahllosen, hölzernen, vergoldeten Figuren und Verzierungen sehr kleinlich abstechen. – In den Seiten-Capellen sind viele Sarkophage, auf welchen Bischöfe und Ritter, in Stein gehauen, ruhen, aber so beschädigt sind, daß Hände und Füße, ja Manchem sogar der Kopf fehlt. – Rechts am Eingange der Kirche, ist die berühmte St. Wenzeslaus-Capelle, deren Wände mit Fresken, wovon Farben und Zeichnungen beinahe verschwunden, geschmückt, und mit kostbaren Steinen ausgelegt sind.

Unweit des Domes steht der ungemein fensterreiche Pallast des Grafen Czernin, er zählt nicht mehr und nicht weniger Fenster, als das Jahr Tage. Ich war in einem gewöhnlichen Jahre da, folglich sah ich 365; – wie es sich in einem Schaltjahre verhält, weiß ich nicht. – Die Aussicht auf dem Belvedere dieses Pallastes ist sehr lohnend. Man übersieht die Alt- und Neustadt, den schönen Strom mit seinen beiden Brücken (der antiken, ehrwürdigen Steinbrücke und der zierlich hängenden 600 Schritt langen Kettenbrücke) und die Hügel rings umher, besä't mit Gärten und niedlichen Landhäusern.

Die Gassen der Kleinseite sind nicht besonders schön, meist enge, krumm und hügelich; doch findet man auch hier manch merkwürdigen Pallast, worunter wohl jener des Wallenstein-Friedland den ersten Platz behaupten mag.

Nachdem ich noch die St. Nicolaus-Kirche, die sich durch die Höhe ihres Schiffes und die schön gewölbte Kuppel auszeichnet, besucht hatte, ging ich auf die Wimmerischen Anlagen, und auf die Bastei, die gewöhnlichen Versammlungsorte des Prager Publikums.

Von da aus sah ich die Verheerungen, die das Wasser kurz vor meiner Ankunft hier angerichtet hatte. – Die Moldau hatte ihre Ufer so ungestüm überstiegen, daß sie manch' Häuschen, ja unweit Prag ein ganzes Dörfchen in ihren Fluthen begraben und alle Häuser, die an ihren Ufern standen, mehr oder minder beschädiget hatte. Das Wasser war zwar schon gefallen, doch waren die Mauern der Häuser durch und durch naß, die Thüren fehlten, und aus den zerbrochenen Fenstern blickte Niemand nach den Vorübergehenden. Die Höhe des Wasserstandes betrug um zwei Schuh mehr als im Jahre 1784, wo die Moldau auch eine ungewöhnliche Höhe erreichte.

Von demselben Standpunkte aus übersah ich den großen, erst kürzlich angekauften Platz, welchen bald die Bahnhöfe der Wiener- und Dresdner-Eisenbahnen zieren werden. – Obwohl viele darauf stehende Häuser erst niedergerissen wurden, und von wenigen Bauten die Grundlagen angefangen waren, versicherte man mich doch, daß Alles binnen sechs Monaten beendet sein würde.

Noch muß ich einer Sache erwähnen, die mir auf meinen Morgenwanderungen auffiel, nämlich die seltsame Art und Weise, auf welche hier Milch, Gemüse und andere Lebensmittel zur Stadt gebracht werden. Ich glaubte mich nach Lapp- oder Grönland versetzt, als ich überall Karren begegnete, mit zwei drei bis vier Hunden bespannt; ein Paar derselben zieht in der Ebene drei Centner. Geht die Fahrt über einen Hügel, so hilft der Kutscher mit; außerdem sind sie sorgsame Wächter, und ich würde Niemanden rathen, einem solchen Karren nahe zu kommen, wenn er vor der Schänke steht, in welcher der Eigenthümer das so eben eingenommene Geld verzecht.

⸻

Prag verließ ich am 15. Morgens 5 Uhr und fuhr mit dem Postwagen drei Meilen, bis Obristwy an der Elbe wo ich mich auf dem Dampfboote »Bohemia,« von 50 Pferdekraft, einem elenden alten Schiffe, dem Luxus und Pracht schon in der Jugend fremd waren, nach Dresden (22. M.) einschiffte. – Der Preis für diese kurze Fahrt von 8 bis 9 Stunden ist entsetzlich theuer; doch werden die übertrieben fordernden Unternehmer bald an den Reisenden durch eine Eisenbahn gerächt, auf der man diese Strecke mit viel weniger Zeit- und Geldaufwand wird zurücklegen können.

Aber anziehender ist jedenfalls die Fahrt auf dem Strome, da man theilweise an wunderschönen Partien, und endlich an jenen der sächsischen Schweiz vorüberschifft. – Anfänglich ist die Fahrt freilich nichts weniger als schön, rechts sieht man kahle Hügel und links große Ebenen, über die sich in diesem Frühjahre der Strom noch fessellos ergoß, die Bäume bis zu ihren Kronen, die Hütten bis zu ihren Dächern bedeckend. Hier übersah ich die Zerstörungen erst recht; viele Häuser waren durch die Gewalt der Fluthen gänzlich niedergerissen, die Saaten sammt dem Erdreiche weggeschwemmt, – – eine schauerliche Scene verschwand, um einer noch schauerlicheren Platz zu machen.

So ging es fort bis Melnick; da wurden die Hügel höher und zwischen den zahllosen Weingärten standen Gruppen von Häusern. Dem Städtchen gegenüber strömt die Moldau in die Elbe. – Links in weiter Ferne erblickt man den berühmten St. Georgsberg, von dem die Sage erzählt, daß von ihm aus, Czech Besitz von ganz Böhmen nahm.

Unterhalb des Städtchens Raudnitz werden die Hügel zu Bergen, und da viele Schwärmer nur jene Gegenden romantisch finden, wo die Berge mit halb verfallenen Burgen und Schlössern geschmückt sind, so hat die gute alte Zeit auch dafür Sorge getragen, und zwei schöne Ruinen, Hafenberg und Skalt, erfreuen das Auge solch empfindsamer Beobachter.

Bei Leitmeritz, einem Städtchen mit einem artigen Schlosse und einer Kirche sammt Kloster, strömt die Eger in die Elbe, auch verbindet da beide Ufer eine hochgewölbte hölzerne Brücke. – Unsere armen Matrosen hatten da viele Mühe mit dem Umlegen des Schornsteines und des Mastes.

Das ziemlich hübsche Dorf Groß-Czernoseck ist merkwürdig durch die großartigen, in Felsen gehauenen Keller. – Man kann mit einem Postzuge hineinfahren und ganz bequem darin umkehren. Die Fässer sind natürlich den Kellern angemessen, besonders die zwölf Apostel, von denen jeder 200 Eimer enthält. – Hier sollte doch füglich angehalten werden, um jedem tüchtigen Weinhelden das Vergnügen zu verschaffen, diese Palläste von Kellern zu beschauen, und den Aposteln eine Libation darzubringen, – doch das Schiff glitt vorüber, und man mußte sich an den Beschreibungen Jener laben, die in diesen Gegenden heimischer waren, und gewiß oft ganz begeistert jenen Tiefen entstiegen sind.

Die Fahrt wird nun immer reizender, – die Berge rücken näher und engen das Flußbett ein; romantische Felspartieen, deren Spitzen noch romantischere Ruinen krönen, thürmen sich dazwischen. Besonders schön ist die alte, ziemlich gut erhaltene Burg Schreckenstein, welche auf einem an der Elbe liegenden, schroff empor ragenden Felskogel erbaut ist, und den ganzen obern Raum deckt; – Schlangenpfade in Fels gehauen, führen hinauf.

Bei dem Städtchen Aussig sind die größten Stein- und Braunkohlen-Gruben von ganz Böhmen. – In der Nähe liegt auch ein kleines Felsgebiet Paschkal, auf welchem eine Weingattung wächst, die dem Champagner ähnlich sein soll.

Die Berge werden immer höher; über alle aber ragt der Gigant Jungfernsprung; und die Schönheit dieser Gegend wird nur durch die Lage des Städtchens und Schlosses Tetschen übertroffen. Das Schloß steht auf einem 20 bis 30 Fuß hohen Fels, der sich aus der Elbe zu erheben scheint. Er ist von Gewächshäusern und schönen Garten-Anlagen umgeben, die sich zu dem Städtchen hinabziehen, das an einem kleinen Hafen in einem blühenden Thale liegt. Letzteres ist von einer hohen Bergkette umschlossen, und scheint dadurch wie von der übrigen Welt ganz abgeschieden zu sein.

Das linke Ufer ist dermaßen von Felsen und Felswänden eingenommen, daß nur hie und da für einen einzelnen Bauerhof oder eine Hütte Raum bleibt. – Da sieht man plötzlich zwischen den hohen Felsen die Spitzen von Masten emporragen, eine Erscheinung die jedoch bald natürlich wird, da ein großer Einschnitt in eine der Felsenwände das schönste Wasserbecken bildet.

Und nun kamen wir nach Schandau, das nur aus einigen Häusern besteht, und der sächsische Grenzort ist. – Zollbeamte, von einer Grenze unzertrennlich, kamen nun auf unser Schiff und stöberten Alles durch. – Mein, in einem Kistchen verschlossener Daguerrotyp-Apparat schien ihnen verdächtig, auf meine Versicherung aber, daß ich ihn nur zu meinem eigenen Gebrauche mitführe, wurde ich sammt ihm recht artig entlassen.

Auf der weiteren Reise sieht man Felsen von oft merkwürdigen Formen, denen auch ihre Namen entsprechen; so heißt einer Zirkelstein, ein anderer Lilienstein u. s. w. Der Königsstein besteht aus zackichten Felsmassen, auf welchen die Festung gleichen Namens liegt, und als Gefängniß für schwere Verbrecher dient. An den Fuß dieser Felsmassen lehnt sich das Städtchen Königsstein. – Unweit davon sieht man an der rechten Seite einen ungeheuren Felsblock auf andern ruhend, der die höchst natürliche Gestalt eines Kopfes bildet. – Die ferneren Felspartieen heißen jene von Rathen, welche aber schon zur sächsischen Schweiz gezählt werden. – Die Basteien dieser Schweiz, an welchen man nun unmittelbar vorübersegelt, sind eine der wunderbarsten Uebereinanderhäufungen hoher und seltsam gestalteter Felsmassen. – Leider trieb uns der Dampf so schnell dahin, daß während wir auf die eine Seite blickten, uns auf der andern die reizendsten Bilder schon wieder entschwunden waren. Viel zu schnell kamen wir an dem Städtchen Pirna vorüber, das an den Ausläufern dieses Gebirgszuges liegt. Ueber alle Gebäude dieses Städtchens ragt das sehr antike Stadtthor hoch empor.

Noch sieht man das große Schloß Sonnenstein auf Felsen liegend, das jetzt als Narrenhaus dient.

Das Reizende und Schöne dieser Stromfahrt war nun vorüber, und kleinlich nimmt sich gegen diese großartige Natur, das königliche Lustschloß Pilnitz mit seinen zahllosen chinesischen Dachspitzchen aus. – Daran reiht sich eine Kette von Hügeln, bedeckt mit den Landsitzen der Städter, und rechts eine große Ebene an deren fernem Ende uns Sachsens Hauptstadt entgegen schimmerte. – Doch was ist jetzt Ferne? – Kaum hatten wir Zeit das Gepäck zu ordnen, und schon war, unfern der schönen Dresdner Brücke, der Anker ausgeworfen.

Auch diese Brücke ließ das tobende Element nicht unbeschädigt. Einer der mittleren Pfeiler gab nach, und das Kreuz und Schildhäuschen, die darauf standen, wurden in die Fluthen gestürzt. Anfänglich konnte sie noch befahren werden, erst später entdeckte man die große Beschädigung dieser Brücke, und das Fahren wurde auf viele Monate eingestellt.

Da ich Dresdens Merkwürdigkeiten schon vor mehreren Jahren besehen, und mir nur das prächtige Theater neu war, so benützte ich die Paar Abendstunden meines Aufenthaltes um selbes zu besuchen.

Es steht in der Mitte des schönen Domplatzes, und zieht durch den rotundenartigen prachtvollen Bau gleich die Aufmerksamkeit auf sich. – Ein herrlicher, breiter und hoher Corridor, mit schönen Bogenfenstern umgibt das innere Theater, und gerade aufsteigende, breite Treppen führen von verschiedenen Seiten zu den Gallerien. Das Innere des Theaters ist zwar nicht so groß, als man nach der Außenseite zu schließen berechtiget wäre, aber Bau und Decorirung sind wahrhaft prachtvoll und überraschend. – Die Logen sind alle offen, nur durch eine ganz niedere Wand getrennt, die Wände und Stühle derselben sind mit schweren Seidenstoffen überdeckt, und die Bänke der dritten und vierten Gallerie mit Halbseiden-Stoffen. – Nur Eines war mir in akustischer Hinsicht störend: – ich hörte nämlich das leiseste Geflüster des Souffleurs so deutlich, als säße Jemand hinter mir und läse die Rollen ab. – Kaum war der Vorhang gefallen, so war auch schon Alles leer, und doch nirgend ein Gedränge. Da wurde ich erst auf die schöne Einrichtung der vielen und bequemen Ausgänge aufmerksam.

16. April.

Die Dresdner Omnibuse kann man als Muster der Bequemlichkeit aufstellen; da hat man doch gehörig Platz, und weder übermäßige Beleibtheit der Mitfahrenden, noch deren Pelze und Mäntel zu befürchten. Im Innern des Wagens ist ein Glockenzug angebracht, und jeder Aussteigende kann so dem Kutscher ein Zeichen geben. – Diese Omnibuse fahren bei allen größeren Gasthöfen vor, halten einen Augenblick an; ist aber der Reisende nicht schon bereit, so muß er zurück bleiben.

Um halb 6 Uhr früh hielt er vor unserm Gasthofe; ich hatte ihn schon erwartet, und rollte ganz gemächlich zur Eisenbahn. Von hier bis Leipzig rechnet man 12 Meilen, welche wir in 3 Stunden zurücklegten.

Die ersten drei Meilen waren sehr angenehm; Gärten, Felder und Wiesen, Tannen-Gehölze in der Ebene und auf den Hügeln, dazwischen Dörfer, Bauernhöfe, Landhäuser und einsame Capellen bildeten eine recht liebliche Landschaft; doch dann hört dieß auf, und die links liegende, durch ihre Porzellan-Fabrik berühmte Stadt Meissen scheint den Schlußstein des Schönen zu machen.

Eine einförmige, langweilige Ebene, die nur selten durch Dörfer oder einzelne Höfe belebt wird, zieht sich bis Leipzig; da ist nichts zu sehen als ein großer Tunnel und der Fluß Pleisse; letzterer (oder vielmehr die Elster) berühmt durch den Tod des Fürsten Poniatowsky.

Die Stadt Leipzig, weltberühmt durch ihre Messen, und ganz besonders durch ihren ungeheuern Bücherverlag, bietet im Innern ein dem großen Verkehr entsprechendes Gewühl. Ich fand Straßen, Plätze und Gasthöfe überfüllt.

Nicht leicht mag es eine Stadt geben, deren Häuser und dadurch auch die Gassen so entstellt sind durch die unzähligen Ankündigungstafeln, die in allen Formen und

Größen, oft mehrere Schuh hervorragend, an den Häusern angebracht sind. – Unter den Gebäuden gefielen mir am besten das **Augusteum** und die **Bürgerschule**. Die **Bücherhalle** hat wohl ihren Ruf nur dem geistigen Inhalte, nicht aber der Bauart und der Außenseite zu verdanken. Die Halle selbst ist zwar groß und zieht sich über das ganze Gebäude hin, dessen untere Räume einige Säle enthalten, aber Halle, Gebäude und Säle sind einfach und ohne besondere Ausschmückung. – Die Tuchhalle ist ein einfaches großes Haus, deren weite Gewölber nichts als Vorräthe von Tuch enthalten. – Das Theater steht auf einem sehr großen Platze und zeichnet sich weder von Außen noch von Innen durch etwas Großartiges aus. Neu war für mich die Einrichtung, auf der zweiten und dritten Gallerie Reihen von Sperrsitzen vor den Logen zu sehen. – Das Orchester hörte ich nur; – wo es sich befand, mochten die Götter wissen. Wahrscheinlich war es hinter den Coulissen angebracht. Man versicherte mich, daß dieß nur bei ganz außerordentlichen Fällen geschähe, wo man die Orchester-Plätze in Sperrsitze umwandle. – Dieß fand nun gerade heute statt. Man gab das beliebte Stück von Gutzkow »Das Urbild Tartüff's.« – Die Darstellung des Stückes war sehr brav.

Im Leipziger Theater hatte ich zum zweitenmal Gelegenheit zu bemerken, daß, was die Eßlust anbelangt, die lieben Sachsen den so verrufenen Wienern durchaus nicht nachstehen. Ich bewunderte schon in Dresden im Theater ein Paar Damen, die neben mir saßen. Diese hatten ein recht niedliches Säckchen bei sich, und darin einen ganz anständigen Vorrath von Backwerk, an welches sie sich in den Zwischenakten tapfer hielten. – Aber zu Leipzig war es eine kräftigere Nahrung, die eine zarte Mutter mit ihrem 15-16jährigen Söhnlein verspeiste, – – Weißbrod mit Salami. – Ich traute meinen Augen nicht und dachte es sei künstliche

Salami, in irgend einer Zuckerbäckerei bereitet; doch bestätigte mich meine Nase nur zu bald in meinem Anfangs so widerstrebenden Glauben.

Und beide Begebenheiten ereigneten sich nicht etwa in den höchsten Regionen des Thalientempels, wo man es wohl auch manchmal bei uns finden mag, – nein – auf Sperrsitzen der zweiten Gallerie.

Um die Stadt Leipzig ziehen sich schöne Alleen. Ich machte auch einen Spaziergang nach dem Rosenthale, das ebenfalls aus wunderschönen Alleen und Rasenplätzen besteht. Ein niedliches Kaffeehaus mit einem sehr hübschen in Halboval erbauten Kiosk, ladet die Ermüdeten freundlich zur Ruhe und Stärkung ein, und eine angenehme Musik verbreitet Lust und Heiterkeit.

Die übrige Umgebung Leipzigs bietet nichts als das Bild einer einförmigen, unübersehbaren Ebene.

17. April.

Ich wollte meine Reise nach Hamburg über Berlin fortsetzen, allein die Witterung war so kalt und stürmisch, der Regen strömte so gewaltig, daß ich den kürzeren Weg einschlug, und auf der Eisenbahn nach Magdeburg fuhr. – Wir flogen durch die traurige Ebene an Halle, Köthen und andern Städtchen, von denen ich nur die Häusermassen sah, vorüber, und grüßten in Eile die Sale und Elbe. – Gegen 10 Uhr Morgens waren wir in Magdeburg, und hatten 15 Meilen in 3¼ Stunden zurückgelegt.

Das Dampfschiff nach Hamburg ging erst um 3 Uhr ab; – ich hatte also Muße genug mich in der Stadt umzusehen.

Magdeburg ist eine Musterkarte von Gebäuden der

ältesten, mittleren und neuesten Zeit. Besonders merkwürdig ist die, die ganze Stadt durchschneidende Hauptstraße »der breite Weg,« da sieht man Häuser, welche aus der ältesten Zeit stammen, und alle Belagerungen und Zerstörungen überstanden haben; Häuser von allen Farben und Formen; – die Einen haben Spitzen, auf welchen noch steinerne Figuren paradiren, die Andern sind wieder mit Arabesken von oben bis unten überladen, – ja auf Einem entdeckte ich sogar noch Reste von Fresken. – Mitten unter dergleichen Alterthümern prangt wieder ein Haus im neuesten Styl und Geschmack. Ich wüßte nicht bald eine Straße, die solch einen besondern Eindruck auf mich gemacht hätte. Das schönste Gebäude ist aber unstreitig der würdevolle Dom. Ich hatte doch schon in Italien die schönsten Kirchen in Menge gesehen, – dennoch blieb ich überrascht und staunend vor diesem Meisterwerk gothischer Bauart stehen.

In dieser Kirche ist das Monument mit den zwölf Aposteln ein würdiges Denkmal des allberühmten Bildhauers Vischer. Um es sehen zu können, muß man eigens die Erlaubniß des Commandanten dazu haben.

Der Domplatz ist regelmäßig, groß und mit zwei Alleen geziert; er dient auch zu kleinen Militärübungen. Ueberhaupt fiel mir das viele Militär auf, das ich hier sah. Man mochte gehen wohin man wollte, stets begegnete man Soldaten und Officieren, ja wohl ganzen Truppenzügen. Es könnte in Kriegszeiten kaum ärger sein. Leicht sah man daraus, daß man sich bereits auf preußischem Boden befinde.

Sehr entstellt wird die Stadt durch die vielen offnen Canäle, welche aus allen Häusern kommen, und sich längs den Straßen fortziehen.

Nur zu bald ward es halb drei Uhr, und schnell begab ich

mich auf das Dampfboot »Magdeburg« von 60 Pferdekraft, um weiter nach Hamburg zu kommen. – Von dieser Tour kann ich weiter nichts sagen, als, daß eine Fahrt auf einem Fluße, wo die Gegend so schrecklich langweilig ist, wie von hier nach Hamburg, zu den unangenehmsten Dingen gehört, die es geben kann. – Aber noch mehr steigt diese Unannehmlichkeit, wenn man schlechtes Wetter hat, das Schiff unrein gehalten wird, und man noch dazu eine Nacht daselbst zubringen muß. – Hier traf es mich so. – Das Wetter war schlecht und das Schiff unrein, die Entfernung betrug 23 Meilen, folglich hatten wir die frohe Aussicht auf eine herrliche Schiffsnachtruhe, und der Reisenden gab es so viele, daß Eines knapp am Andern sitzen mußte, – und so saßen wir in himmlischer Geduld, gafften einander an und seufzten tief. – Von Ordnung war keine Rede, – darnach zu sehen hatte Niemand Zeit; – den ganzen Tag und die ganze Nacht wurde recht wacker geraucht und Karten gespielt. Daß es dabei nicht so ruhig zuging, wie bei einer englischen Whist-Partie, kann man sich leicht denken. – Und die Kajüte auch nur auf Augenblicke zu verlassen, war vor beständigem Sturm und Regen gar nicht möglich. – Die einzige Entschädigung die ich hatte, war, daß ich hier den liebenswürdigen Compositeur L o r z i n g kennen lernte, eine Bekanntschaft, die mich um so mehr erfreute, da ich schon früher eine große Verehrerin seiner schönen, originellen Musik war.

18. April.

Endlich ward es Morgen, und bald erreichten wir die große Handelsstadt, die, durch den fürchterlichen Brand im Jahre 1842 halb eingeäschert, prächtiger und herrlicher als früher aus dem Schutte erstanden war. – Ich stieg hier bei meiner Base ab, die an den königl. württembergischen Consul und Kaufmann Schmidt verheirathet ist, und verlebte da volle acht Tage in Freude und Vergnügen. Mein Vetter war so gütig mich selbst herum zu führen, und mir die Hauptmerkwürdigkeiten Hamburgs zu zeigen.

Vor Allem besuchten wir die Börse und zwar zwischen 1 und 2 Uhr, wo sie am belebtesten ist, und daher dem Fremden den richtigsten Begriff von der Größe und Wichtigkeit des hiesigen Handelsverkehres geben kann. – Das Gebäude enthält einen sehr großen Saal mit Arkaden und Gallerieen, und mehrere große Gemächer, die theils zu Besprechungen dienen, theils Erfrischungen spenden. – Das Interessanteste ist aber unstreitig, sich auf die Gallerie zu setzen, das Anschwellen der Menge, ihr Umhertreiben in dem ungeheuern Saale, in den Bogengängen und Gemächern zu beobachten, und das Summen und Lärmen der tausend untereinander schreienden Stimmen zu hören. Um halb 2 Uhr erreicht das Gedränge im Saale den Höhepunkt, und das Lärmen wird wahrhaft betäubend; – es wird nämlich der Cours angeschrieben, nach welchem Alle ihre Geschäfte ordnen.

Von der Börse wanderten wir nach dem großen Hafen, und durchkreuzten ihn auf einem Boote in allen Richtungen. Ich wollte hier nur die Dreimaster zählen, hörte aber bald auf, denn ihre Anzahl erdrückte mich ordentlich, dazu noch die Menge der prachtvollsten Dampfer, Briggen, Schaluppen und anderer Schiffe, – – kurz: ich sah nur und staunte, denn es lagen da wohlgezählte 900 Fahrzeuge.

Nun denke man sich eine Spazierfahrt zwischen 900 Schiffen und Schifflein, die an beiden Ufern der Elbe in drei- und mehrfachen Reihen aufgestellt waren, das Hin- und Herkreuzen der zahllosen Boote, die die Fracht von den Schiffen holten oder dahin brachten das Lärmen und Jubeln der Matrosen, das Aufwinden der Anker, das Vorbeibrausen der Dampfer, – – und man wird ein Bild sehen, wie es nur die Weltstadt London noch großartiger bieten mag.

Die Ursache dieser ungewöhnlichen Belebtheit des Hafens war in der Strenge des Winters gelegen. Seit 70 Jahren hatte man keinen solchen Winter gesehen; Elbe und Ostsee lagen Monate lang in starrer Unthätigkeit gefangen und kein Schiff konnte die eisbedeckten Flächen durchziehen, keines Anker lichten oder Anker werfen. Erst kurz vor meiner Ankunft war die Bahn wieder frei geworden.

In der Nähe des Hafens liegen die meisten der sogenannten Höfe. Ich hatte so manches darüber gelesen, daß sie von Außen gewöhnlichen Häusern gleichen, im Innern aber ganze Quartiere mit Sackgäßchen bilden und der Aufenthalt unzähliger Familien sein sollen. – Ich besuchte daher mehrere solche Höfe und kann versichern, daß ich gar nichts Außerordentliches fand. – Häuser mit zwei langen Seitenflügeln die ein Sackgäßchen von 80-100 Schritten bilden, findet man in jeder größern Stadt, und daß so viele Familien in einem solchen Hause wohnen, ist auch nicht merkwürdig, wenn man weiß, daß sie Alle arm sind, und jede einzelne nur ein Zimmerchen besitzt.

Der beliebteste Spaziergang in der Stadt ist der Jungfernstieg, eine breite Allee, die sich um ein großes und schönes Wasserbecken der Alster zieht, und an deren einen Seite die prachtvollsten Gasthöfe, an denen Hamburg durchaus keinen Mangel hat, so wie auch viele nicht minder schöne Privathäuser stehen. Andere Spaziergänge sind: der Wall, der sich um die Stadt zieht, und der botanische Garten, der einem schönen Parke gleicht.

Das herrlichste Gebäude, ausgezeichnet durch Alles, was Luxus, Kunst, Dauerhaftigkeit und Zierlichkeit betrifft, ist der Bazar. Ein wahres Riesenwerk, um so mehr anzustaunen, da es nicht auf Actien, sondern auf Kosten eines einzigen Mannes, Herrn Carl Sillem, erbaut wurde. Der Architekt heißt: Overdick. Es ist ganz aus Quadersteinen aufgeführt. Die Wände des großen Saales und der Halle sind mit Marmor ausgelegt. Eine hohe Kuppel und ungeheure Wölbungen mit Glas gedeckt, überspannen Saal und Halle; – schöne Statuen, aus Stein gehauen, zieren die oberen Balustraden. Abends ist Alles reich mit Gas erleuchtet, dazu denke man sich noch die schönen Ausstellungen der herrlichsten Waaren aus allen Ländern der Welt, und man wird sich in einen Feentempel versetzt glauben.

Ueberhaupt besteht in Hamburg ein sehr großer Luxus in den Auslagen. Die Waaren liegen höchst geschmackvoll ausgebreitet hinter ungeheuren Glaswänden, die oft 5-6 Fuß breit, und 8-10 Fuß hoch sind, und aus den schönsten reinsten Spiegelgläsern bestehen, von denen oft die einzelne Tafel bei 600 fl. CM. kostet. Dieser Spiegelglas-Luxus erstreckt sich aber nicht nur auf die Auslagen, sondern auch auf die Fenster, und nicht blos auf Hamburg, sondern auch auf Altona und auf die geschmackvollen Landhäuser der Hamburger. – Manche Fensterscheibe kostet 8-10 fl. Sie werden aber so gegen das Zerschlagen assecurirt, wie die Häuser gegen den Brand.

Der Aufwand an Spiegelgläsern entspricht auch jenem an Möbeln; – alle sind von Mahagoni. Dieß Holz ist hier so allgemein, daß man in den sehr eleganten Häusern sogar die Treppengeländer daraus verfertigt sieht. Ja selbst die Lootsen haben gar häufig Mahagoni-Möbel.

Die schönste und belebteste Straße ist der neue Wall. Was mir in allen Straßen Hamburgs auffiel, waren die vielen Verkaufsläden und Wohnungen unter der Erde, zu denen sechs bis acht Stufen hinabführen, und vor welchen ein Eisengeländer an der Seite der Treppe angebracht ist, um die

Vorübergehenden vor dem Hinabstürzen zu bewahren.

Eine sehr zweckmäßige Einrichtung ist das große Schlachthaus, in welchem sämmtliches Stechvieh an bestimmten Tagen der Woche geschlachtet wird.

Von der Stadt Altona bemerke ich nur, daß sie mir eine Fortsetzung Hamburgs schien, und auch nur durch eine einfache hölzerne Pforte davon getrennt ist. Eine schöne, sehr breite Straße, oder eigentlich besser gesagt – ein in die Länge gezogener Platz mit doppelten Reihen mächtiger Bäume – ist das Merkwürdigste in dieser Stadt, die der dänischen Regierung zugehört, und nach Kopenhagen die bedeutendste im ganzen Reiche sein soll.

Die Fahrt nach dem zwei Meilen entfernten Dorfe Blankenese ist allerliebst; man kömmt an lauter herrlichen Landhäusern und großen parkähnlichen Gärten vorüber. – Blankenese selbst ist in recht malerischen Gruppen um den Sülberg gelegen, von dem man eine weit ausgebreitete Fernsicht hat, da er in dem großen ausgedehnten Flachlande die einzige Erhöhung ist. Man kann den Lauf der Elbe, die in gemäßigter Eile der Ostsee zuzieht, beinahe bis Kuxhaven, ihrem Mündungsorte, verfolgen. – Die Breite der Elbe mag bei Blankenese über eine halbe Meile betragen.

Ein anderer interessanter Ausflug ist nach den neuen Mühlen; es ist dieß ein Dörfchen knapp an der Elbe gelegen, höchstens eine Viertelstunde von Altona entfernt, und nur von Fischern und Lootsen bewohnt. – Hierher muß man gehen, wenn man einen Begriff von holländischer Niedlichkeit und Reinlichkeit bekommen will. – Man kann sich unmöglich etwas idyllenartigeres denken. – Die Häuschen sind meist stockhoch, zierlich und nett gebaut, an den Thüren blinken die schönsten messingenen Handgriffe, die Fenster sind spiegelblank geputzt und über

Letztere hängen weiße Vorhänge, malerisch drapirt.

Schon in Sachsen sah ich manche Wohnungen der Bauern recht nett und ordentlich, und jedenfalls mehr Wohlstand verrathend, als man gewöhnlich bei dieser Menschenclasse findet, doch mit diesem Dörfchen können sie nicht in die Schranken treten.

Solch ein Bild des Aeußeren muß Aug und Herz erfreuen, denn es läßt auch auf Glück und Zufriedenheit im Innern schließen.

Von ländlichen Trachten die ich hier sah, gefiel mir nur jene der Vierländerinen. Sie tragen kurze, faltenreiche Röcke von schwarzem Zeuge, weiße, feine Hemden mit langen, weiten Aermeln und färbige Leibchen, die mit Seidenschnüren oder Silberspangen leicht zusammengehalten werden. – Gar komisch sehen ihre Strohhüte aus; – die Ränder sind viel höher als die Mitte, so daß der eigentliche Gupf des Hutes ganz eingesunken erscheint. – Viele hübsche junge Mädchen, der Art gekleidet, kommen als Blumenverkäuferinen nach Hamburg, und schlagen an der Börse ihren Hauptsitz auf.

Der 26. April, der festgesetzte Tag meiner Abreise rückte nur zu schnell heran. Doch Scheiden ist das beständige Loos des Reisenden; nur scheidet man manchmal leicht und manchmal schwer. Hier braucht es wohl keines Commentars, um zu sagen, wie mir in der Stunde der Trennung zu Muthe war; – es waren ja die letzten Verwandten, die letzten Freunde, von denen ich schied. – Nun ging es hinaus in die weite Welt, unter lauter – Fremde.

Um acht Uhr Morgens also fuhr ich von Altona auf der Eisenbahn nach Kiel. – Auf dieser Bahn sah ich mit Vergnügen, daß sogar die dritte Classe herrlich gedeckte mit Glasfenstern versehene Wagen hatte, die sich von denen der ersten und zweiten Classe im Aeußern nur durch die Farbe, und im Innern durch die nicht gepolsterten Bänke unterschieden.

Wir legten die ganze Strecke von 15 Meilen in drei Stunden zurück, – eine schnelle, aber auch nur durch die Schnelligkeit angenehme Fahrt, denn die ganze Gegend bot nichts als ungeheure Ebenen, Torf- und Moorgründe, sandige Stellen und Haiden und nur gar wenig Wiesen- oder Ackerland. Das Wasser in den Gräben und auf den Feldern sah, in Folge des dunkeln Grundes, so schwarz aus, wie Tinte.

Bei Binneburg bemerkt man einige verkrüppelte Waldpartieen. Von Elmsholm geht eine Seitenbahn nach Glücksstadt, und von Neumünster, einem großen Orte mit bedeutenden Tuchfabriken, eine nach Rendsburg. – Nun sieht man aber auch nichts mehr als ein Kloster, in welchem mehrere Herzoge von Holstein begraben liegen, und mehrere unbedeutende Seen, als den Bernsholmer, den Einfelder und den Schulhofer. – Das Flüßchen Eider würde mir gar nicht aufgefallen sein, hätten nicht einige der Reisenden großes Aufheben davon gemacht. – In den herrlichsten Ländern fand ich die Eingebornen lange nicht so entzückt über wirklich Schönes und Großartiges, als sie es hier über ein Nichts waren. – Ja, eine recht artige Frau, meine Reisenachbarin, konnte in Lobpreisung ihres so wunderschönen Vaterlandes gar nicht ermüden. Der verkrüppelte Wald schien ihr ein herrlicher Park, die öde Fläche ein unermeßlicher Spielraum für das Auge, – jede Kleinigkeit wußte sie groß zu deuten. – Ich wünschte ihr zu dieser reichen Fantasie im Stillen Glück, konnte aber leider meinem kalten Gemüthe nichts davon einhauchen.

Gegen Kiel zu gestaltet sich die Ebene zu einem

niedrigen Hügellande. – Kiel selbst liegt recht artig an der Ostsee, die von hier gesehen, einem mittelgroßen See gleicht. Der Hafen soll gut sein, doch lagen nur wenige Schiffe davor, darunter das Dampfboot, das mich weiter nach Kopenhagen bringen sollte, und von dem ich mir nicht dachte, daß es mir so unvergeßlich bleiben würde.

Durch die liebevolle Fürsorge meines Vetters Schmidt empfing mich bereits an der Eisenbahn Einer seiner Verwandten, Herr Brauer, welcher mich gleich in den Kreis seiner Familie einführte, und mir die paar Stunden meines Aufenthalts recht angenehm vergehen machte.

Kiel hat ein hübsches königliches Schloß, das gegenwärtig von der jüngern Tochter des letzt verstorbenen Königs bewohnt wird. Der daran stoßende öffentliche Park ist mehr durch seine Lage an der See, als durch sonst etwas ausgezeichnet. – Die Umgebung besteht aus Hügelketten, auf und an welchen die Landhäuser und Gärten der Städter liegen. Eine der schönsten Villa's gehört Herrn Brauer. Die höchsten Punkte sind mit Kiosken oder Lauben geziert, von welchen aus man eine schöne Fernsicht über die nicht sehr breite See bis an's jenseitige Ufer genießt. – Seit ich Dresdens Umgebung Lebewohl gesagt hatte, war dieß die lieblichste Landschaft, die mir bis jetzt zu Gesichte gekommen war.

Kiel gehört eben nicht zu den größeren Städten Dänemarks, sieht aber nett und freundlich aus. Viele der Häuser sind nicht mit Kalk und Sand beworfen, was ihnen das Ansehen gibt, als wären sie noch nicht fertig gebaut; die Dachungen bestehen aus Ziegeln, die oft noch mit einer Art Firniß überzogen sind, der ihnen nebst einem schönen Glanz auch eine größere Dauerhaftigkeit verleiht. – Auch hier bemerkte ich hin und wieder jene theuern Hamburger Spiegelgläser; es scheint, daß sich dieser Luxus sehr weit verbreitet.

Der Abend und mit ihm die Stunde der Einschiffung rückte heran. Die liebenswürdige Familie Brauer geleitete mich an Bord, wo ich mit Dank erfülltem Herzen Abschied von ihnen nahm.

In dem Dampfschiffe »Christian VIII.« von 180 Pferdekraft lernte ich ein so schmutziges und unbequemes Schiff kennen, wie es mir auf all meinen bisherigen See-Reisen noch nicht vorgekommen war. Scheuern und Fegen schien hier durchaus nicht Sitte zu sein. Die Treppe, welche in die Kajüte führte, war so abschüssig, daß man sehr auf der Hut sein mußte, nicht gar zu eilig z. B. durch einen Sturz hinab zu gelangen. Von Abtheilungen für Herren und Frauen war auf dem zweiten Platze gar keine Rede. – Kurz, Alles war darauf eingerichtet, jedem Reisenden dieses Schiff für immer unvergeßlich zu machen.

Um neun Uhr verließen wir Kiel. – Da der Tag und die Dämmerung hier schon länger währen, als in den westlich und südlich gelegenen Ländern, so war es mir noch möglich die Festung Friedrichsort, an der wir gegen 10 Uhr vorübersegelten, aus dem Schatten des sie umhüllenden Dunkels zu scheiden.

27. April.

Heute stand ich noch mit der Sonne auf, bald wird dieß aber eine sehr schwere Sache sein, da die gute Göttin des Lichtes dem Norden im Frühjahre und Sommer vergilt, was sie ihm im Winter entzieht. – Ich ging auf das Deck und überblickte die weite endlose Meeresfläche. Es war kein Land zu sehen; doch bald erschien eine Küste, die dann wieder verschwand, bis eine neue, fernere aus dem Meere auftauchte. Gegen Mittag erreichten wir die Insel Möen, die ungefähr 40 Meilen[2] von Kopenhagen liegt. Sie bildet eine kleine wunderschöne Felsgruppe, deren Wände weiß wie

Kreide, glatt und glänzend, schroff dem Meere entsteigen. Die höchste dieser Wände ragt 400 Fuß über dem Meeresspiegel empor.

Bald sahen wir auch Schwedens Küste, dann die Insel Malmö und endlich Kopenhagen, wo wir um 4 Uhr nach Mittag landeten. – Die Entfernung von Kiel bis Kopenhagen beträgt 136 See-Meilen.

Ich blieb hier sieben Tage und hätte daher Muße genug gehabt, Alles genau zu besichtigen, wäre nur das Wetter etwas freundlicher gewesen. So aber stürmte und regnete es der Art, daß ich auf die ferneren Umgebungen gänzlich Verzicht leisten, und nur einige der nahen Spaziergänge mir mühsam erkämpfen mußte.

Schon die erste Straße Kopenhagens, die man vom Hafen kommend, betritt, macht einen großartigen Eindruck. Es ist dieß die breite Gasse, die vom Hafen an durch einen großen Theil der Stadt führt. Sie ist sehr breit, was aber noch mehr sagen will, auch lang, regelmäßig, und durch die beiderseitigen Fronten der herrlichen Palläste und Häuser wirklich wunderbar schön.

Einen ganz eigenen Eindruck macht es, inmitten dieses stolzen Stadtviertels plötzlich eine Ruine zu erblicken, ein großartiges Gebäude, auf riesenhaften Säulen ruhend, halb geendet, mit Gras und Moos theilweise überwachsen. – Es sollte einst eine prachtvolle Kirche werden, ganz von Marmor, doch der weiche Boden ertrug diese Last nicht, und das halb geendete Gebäude fing an zu sinken, so, daß man der Fortsetzung des Baues auf immer entsagen mußte.

Noch gibt es viele andere Gassen, die der breiten an Pracht und Größe gleichen. Darunter besonders die Amalienstraße. – Die belebtesten, aber bei Weitem nicht die schönsten, sind die Oster- und Gotherstraße. Da zu gehen ist für den Fremden anfänglich eine wahre Kunst. Auf der einen Seite des Trottoirs, das ungefähr einen Fuß höher als die Fahrstraße ist, stößt man bei jedem Schritte auf Stufen, die theils zu Gewölben hinauf, theils an Vertiefungen in Gewölbe hinab führen. Die Stufen, welche in die Tiefe hinab führen, sind nicht, wie jene zu Hamburg, mit Geländern umgeben. – Die andere Seite des Trottoirs ist durch ein kleines bescheidenes Bächlein begrenzt, das die unpoetischen Leute »Kanal« nennen, und in welches aus allen Häusern eben so liebliche Quellen hinein sprudeln. Da heißt es denn gehörig Acht geben, um nicht rechts oder links, oder wohl auch gerade vor sich in eine der verrätherischen Tiefen zu stolpern, oder sich an den hervorragenden Stufen anzustoßen und zu beschädigen. An der Seite der Straße ist das Trottoir mit anderthalb Fuß breiten Steinplatten belegt, auf welchen es sich natürlich herrlich geht. Die sucht aber auch Jeder zu erringen, um dem höckerigen und spitzigen Pflaster darneben ein Schnippchen zu schlagen. – Dazu füge man noch das entsetzliche Gedränge, und man wird gerne glauben, daß sich Niemand diese Straße zum Spazierengehen wählt, um so weniger, da weder die Läden schöne Auslagen enthalten, noch die Häuser pallastähnlich oder geschmackvoll erbaut sind, noch die Straßen selbst zu den breitesten oder reinlichsten gezählt werden können.

Die Plätze sind alle groß und regelmäßig. Der schönste ist der Königsneumarkt (Kongensnytorf). Einige hübsche Palläste, die Hauptwache, das Theater, die vorzüglichsten Kaffee- und Gasthäuser, die Akademie der bildenden Künste und das Gebäude des botanischen Gartens – beide Letztere meist unter dem Namen »Charlottenburg« bekannt – zieren diesen herrlichen Platz, in dessen Mitte ein schönes Monument steht, Christian V. zu Pferde, von mehreren Figuren umgeben.

Nicht so groß, aber durch die vollkommene Regelmäßigkeit eigentlich noch schöner, ist der Amalienplatz, welchen vier königliche, ganz gleich gebaute Palläste umfassen, und vier breite Straßen in der Form eines Kreuzes durchschneiden. Auch diesen Platz ziert ein in der Mitte stehendes Monument, Friedrich V. darstellend. – Auf dem Neumarkt (Nytorf), einem ebenfalls schönen Platze, sah ich einen Springbrunnen, dessen kleines Figürchen höchst bescheidene Wasserstrahlen spendete, und der mir nur deßhalb auffiel, weil es der einzige war, den ich in Kopenhagen erblickte.

Was die Palläste betrifft, sei kann man sich kaum des Erstaunens erwehren, deren so viele und so prächtige zu sehen. Man sollte wirklich glauben, in die Residenzstadt eines der größten Reiche versetzt worden zu sein. – Wahrhaft kaiserlich ist die Christianensburg, die im Jahre 1794 gänzlich abbrannte, aber schöner und herrlicher wieder aufgebaut wurde. – Ganz merkwürdig ist die darin enthaltene Schloßkapelle; – man meint in einen Conzert-Saal zu treten, aber nicht in ein zu religiösen Funktionen bestimmtes Gebäude. – Geschmackvoll dekorirte Logen, darunter besonders die königliche, nehmen nebst den Gallerieen den oberen Theil des Saales ein, während der untere mit Bänken angefüllt ist, die mit rothen Sammt- und Seidenstoffen überlegt sind. Kanzel und Altar aber stehen so schmucklos da, daß man sie anfänglich gar nicht bemerkt.

In diesem Pallaste befindet sich auch das nordische Museum, das sich besonders durch seine Reichhaltigkeit an Schmuck, Waffen, Blasinstrumenten und andern Geräthschaften nordischer Völker auszeichnet.

Die Winterreitschule, in der auch viele Conzerte abgehalten werden, ist regelmäßig und groß. – Sehr gut gefielen mir die Stallungen, aber noch besser mehrere darin stehende prächtige Schimmel – Abkömmlinge echter Araber und wilder norwegischer Pferde – deren Mähnen und Schweife fein, glänzend und seidenartig, von ungewöhnlicher Länge und Fülle waren. – Jeder Pferdekenner, ja selbst jeder Laie kann nur mit Entzücken diese Pferde betrachten.

An die Christianensburg stoßt das Museum Thorwaldson's, ein viereckiges Gebäude, mit schönen Hallen, die das Licht von oben erhalten. Noch war es nicht vollendet; die Wände wurden so eben von den vorzüglichsten eingebornen Künstlern als Fresko gemalt. Die Kunstschätze waren zwar schon da, aber leider noch in Kisten verpackt.

In der Mitte des Hofraumes baut man sein Grabmahl; da wird seine Hülle ruhen, und sein vollendet schöner Löwe wird der Grabstein sein.

Unter den Kirchen ist die größte die Frauenkirche. Sie zeichnet sich in ihrem Bau nicht aus, – Säulen, Wölbungen und Kuppel sind von Holz, mit Sand und Gips überkleidet. Was ihr aber an äußerm Prunk fehlt, ist reichlich durch den Inhalt ersetzt. Da findet man Thorwaldson's Meisterwerke, da stehen am Hochaltare sein herrlicher Christus, in den Nischen an den Wänden seine zwölf colossalen Apostel. – Ueber diese Kunstwerke vergißt man auf die Hülle, die sie umgibt. Nur möge das Schicksal gnädig sein, und diese halb hölzerne Kirche nie einer Feuersgefahr Preis geben.

Die katholische Kirche ist klein, aber über alle Beschreibung niedlich. Ihr wurden von dem letztverstorbenen Kaiser von Oesterreich eine gute volltönige Orgel und zwei Oelgemälde, das eine von Kuppelwieser, das andere von einem seiner Schüler gemalt, als Ausstattung zugesandt.

Im Kunst-Museum interessirten mich am meisten der antike Stuhl, welchen einstens Tyho de Brahe stets benützte.

Ein gar wunderliches antikes Gebäude ist die Börse. Sie ist sehr lang und schmal, mit Arabesken und neun Aufsätzen gekrönt, aus deren Mitte ein merkwürdig spitziger Thurm ragt, der aus ineinander geflochtenen Schwänzen von vier Crocodilen gebildet ist. – Der kleine, niedere und dunkle Börsesaal enthält das lebensgroße Bild Tyho de Brahe's. – Der größte Theil des obern Gebäudes ist zu einer Art Bazar verwendet, das Erdgeschoß zu kleinen sehr schmutzigen Buden.

Einen eigenthümlichen Reiz verleihen der Stadt mehrere Kanäle, welche von der See herein münden. Sie bilden eben so viele Märkte; denn die darin liegenden Schiffe und Barken sind mit Lebensmitteln jeder Art angefüllt, welche da zum Kaufe ausgeboten werden.

Die Matrosenstadt, welche sich an Kopenhagen anschließt und nahe am Hafen liegt, ist besonders nett und hübsch. Sie besteht aus langen, breiten, geraden Straßen, und so gleichmäßig gebauten Häusern, daß gewiß eine gute Kenntniß dazu gehört, bei Nacht und Nebel das rechte heraus zu finden. Es sieht gerade so aus, als zöge sich auf jeder Seite der Straße ein endloses, ebenerdiges Gebäude hin, das nur in der Mitte durch ein einstockiges Haus, den Wohnsitz des Commandanten und der Aufseher, unterbrochen wird.

Was die Straßen-Beleuchtung betrifft, so ist sie in Kopenhagen wie bei uns in den Landstädten. Steht im Kalender Mondschein, so wird keine Laterne angezündet. Und verbirgt sich der liebe Mond hinter verdunkelnden Wolken, so ist das seine Schuld, und es wäre nur Vermessenheit seinen Götterschein durch schmähliches

Lampenlicht ersetzen zu wollen. – Eine löbliche Verordnung!? –

Von nahen Spaziergängen gefiel mir der Garten an der **Rosenburg** – innerhalb der Stadt – recht gut, so auch die **lange Linie**, eine Allee schöner Bäume, die sich längs der See hinzieht, und in welcher man auch fahren und reiten kann. – Ein Kaffeehaus, vor welchem bei schöner Jahreszeit Musik gemacht wird, zieht viele Spaziergänger an. Am schönsten aber ist es oberhalb der langen Linie auf dem **Kastell**, von dem man die herrlichste Aussicht genießt. Da liegt die Stadt zu den Füßen, aufgerollt in ihrer ganzen Pracht, der Hafen mit den vielen Schiffen, der blauschimmernde Sund, der sich unübersehbar zwischen Dänemarks und Schwedens Küste ausbreitet und manch liebliche Inselgruppe, dem einen oder dem andern Staate gehörend, in sich birgt. Nur der Hintergrund schließt matt, da keine Kette von Bergen dem endlos über die Flächen Dänemark's schweifenden Auge Schranken setzt.

Unter den vielen Schiffen, die im Hafen vor Anker lagen, sah ich nur wenige Dreimaster, und noch weniger Dampfschiffe. Die Schiffe der Flotte sahen ganz sonderbar aus; sie gleichen auf den ersten Blick großen Häusern mit Flaggenstangen. Jedes Schiff war nämlich mit einem Wetterdache versehen, aus welchem die Masten hoch in die Lüfte ragten, und dann standen sie alle sehr hoch außer Wasser, wodurch alle Lucken der Kanonen und alle Fenster der Kajüten in zwei, drei Stockwerken übereinander sichtbar wurden.

Ein etwas weiterer Ausflug, den man aber sehr bequem in einem prächtigen Omnibus machen kann, geht nach dem königlichen Lustschlosse **Friedrichsberg**, welches vor dem Wasserthor, eine halbe Meile von der Stadt entfernt liegt. Herrliche Alleen führen zu diesem Orte, an dem man alle Vergnügungen findet, die nur irgend im Stande sind, den Städter aufs Land zu locken. Da gibt es ein Tivoli, und eine Eisenbahn, Cabinette und Buden mit Wachsfiguren und zahllosen andern Sehenswürdigkeiten, Kaffeehäuser, Bierhallen und Musik. In den hierzu gehörigen Gärten sind an den Seiten lauter kleine Lauben angebracht, deren jede Tische und Bänke enthält, und deren Vorderseiten alle offen sind, wodurch man in den Stand gesetzt wird, mit einem Blicke alle Besucher dieser schönen Natur-Logen zu übersehen, ein Bild, das sich an einem Sonntage, wo gewöhnlich Alles überfüllt ist, gar herrlich macht.

Auf dem Wege zu diesem Kopenhagner Prater kommt man auch an einigen artigen Landhäusern vorüber, die in der Mitte hübscher Blumengärten liegen.

Das königliche Schloß steht auf der Spitze eines Hügels, am Ende der Allee, und ist von einem sehr schönen ausgedehnten Parke umgeben. Es beherrscht die Ansicht über einen großen Theil der Stadt, des umliegenden Landes und der See; doch ziehe ich die Aussicht auf dem Kastelle bei weitem vor. Der Park enthält eine große Insel, die ich in dieser Jahreszeit von einem sehr reichen Wasserarm umgeben fand. Diese Insel behält sich der Hof vor, der übrige Park ist dem Publicum geöffnet.

Gleich außerhalb dem Wasserthore steht ein Obelisk, nicht durch Schönheit oder Kunst auffallend, da er aus mehreren Steinen zusammengefügt und von keiner besondern Höhe ist, aber durch die Veranlassung seiner Entstehung gewiß interessant. Die dankbaren Unterthanen setzten ihn dem Andenken des letzt verstorbenen Königs Christian VI. – als Erinnerung an die Abschaffung der Frohndienste. – Ein Monument, das jeder fühlende Mensch nur mit Freude und Rührung betrachten kann.

Ich habe nun treulich berichtet, was ich während der kurzen Zeit meines Aufenthaltes in, an und um Kopenhagen gesehen. Es bleibt mir nun nur noch übrig, einige Volkseigenthümlichkeiten zu schildern, und da fange ich gleich mit dem Ende an – mit dem Begräbnisse der Verstorbenen. In Dänemark, so wie überhaupt in ganz Skandinavien, Island auch nicht ausgenommen, herrscht die Gewohnheit, die Todten erst nach acht oder zehn Tagen zu beerdigen. Im Winter mag dieß noch hingehen, aber im Sommer – da mag es gerade nicht sehr angenehm sein, mit solch einem Wesen unter einem Dache zu wohnen.

Während meiner Anwesenheit zu Kopenhagen fand das Leichenbegängniß des königlichen Leibarztes Dr. Brandis statt. Dem Leichenwagen folgten zwei königliche Wagen und eine große Zahl anderer; die ersteren so wie auch mehrere der letzteren waren leer, die Diener gingen darneben. – Unter den Leidtragenden bemerkte ich keine einzige Frau. Ich dachte, dieß sei nur Sitte bei Bestattungen der Herren, allein man versicherte mich, daß dieß immer so sei, auch bei den Bestattungen der Frauen. Ja, diese Fürsorge für mein zartes Geschlecht geht so weit, daß an dem Tage des Begräbnisses in dem Trauerhause keine Frau gesehen werden darf. Die Leidtragenden versammeln sich in der Wohnung des Verstorbenen, und werden da mit kalten Speisen und mit Getränken bewirthet. Nach Beendigung der Ceremonie wiederholt sich diese Bewirthung.

Was mir in Kopenhagen sehr gefiel, war, daß ich nie, bei keiner Gelegenheit Bettler sah, ja nicht einmal so ärmlich und schlecht gekleidete Menschen, wie man deren leider in großen Städten nur zu viele findet. – Arme wird es wohl auch geben, so gut wie in der ganzen Welt, doch betteln sieht man sie nicht. – Ich kann nicht umhin, bei dieser Gelegenheit einer Einrichtung zu erwähnen, die gewiß Nachahmung verdiente. Diese Einrichtung besteht darin, daß große Häuser, die theils der königlichen Familie, theils einzelnen Reichen oder ganzen Gesellschaften gehören, ausschließend zur Aufnahme armer Familien bestimmt sind, die darin die Wohnungen bedeutend billiger als in den andern Häusern bekommen.

Die Landestrachten gefielen mir nicht besonders. Die Bäuerinnen tragen Röcke von grünen oder schwarzen Wollenzeugen, die bis an die Knöchel reichen, und unten mit breiten, färbigen Wollborten eingefaßt sind. Die Leisten des Spensers, so wie die Ausschnitte um die Achseln sind ebenfalls mit schmalen färbigen Borten besetzt. Den Kopf hüllen sie in ein Tuch, über das sie oft noch eine Art Vordach, das einem Hute gleicht, setzen. – An Sonntagen sah ich an Manchen auch kleine zierliche Häubchen in Seide gestickt, und vorne mit mehr als handbreiten sehr gesteiften Spitzen ganz glatt besetzt; rückwärts hingegen große Schleifen von schönem Bande daran, deren Enden bis über den halben Körper hinabhingen. – An der Tracht der Bauern fand ich nichts besonderes zu bemerken. – Körperkraft oder Schönheit fand ich unter dem Bauernstande nicht mehr und nicht minder, als bei unsern Oesterreichern. – Was die Schönheit des weiblichen Geschlechtes anbelangt, so möchte ich den Oesterreicherinen unbedingt den Vorzug geben. Vorherrschend sind blonde Haare und lichte Augen.

Militär sah ich nur wenig; ihre Uniformen, besonders jene der Leibgarde des Königs sind ausgezeichnet schön.

Auffallend waren mir die Trommelschläger; die bestanden aus lauter 10-12jährigen Knaben. Da hätte man wohl mit Recht sagen können: »Trommel, wo trägst du den Knaben hin?« – Marschiren, den beschwerlichen Feldübungen beiwohnen, eine so große Trommel tragen, und sie dabei noch fleißig bearbeiten, das nenne ich doch eine kleine Grausamkeit. Wie manche zerstörte Gesundheit mag dieser Brauch zu verantworten haben.

Ich brachte manche Stunde während meines Aufenthaltes zu Kopenhagen sehr angenehm bei Herrn Professor Mariboe, seinen liebenswürdigen Verwandten und dem gütigen Gesandtschaftspriester Herrn Zimmermann zu. Sie nahmen sich meiner mit wahrer Güte und Herzlichkeit an; sie zogen mich in ihre Kreise, in denen ich mich bald vollkommen heimisch fühlte. Ich werde ihre Freundschaft nie vergessen, und jede Gelegenheit benützen, ihnen nah und ferne meinen Dank zu offenbaren. Eben so auch Herrn

Eduard Gottschalk und Herrn Knudson. An Ersteren wandte ich mich mit der Bitte, mir eine Gelegenheit nach Island zu ermitteln, und er war so gefällig, sich deßhalb bei Herrn Knudson für mich zu verwenden.

Herr Knudson ist einer von den ersten Großhändlern zu Kopenhagen, und hat unter allen nach Island handelnden Häusern daselbst die meisten und ausgebreitetsten Verbindungen. Er hat jetzt noch, da er schon anfängt sich zurück zu ziehen, weil ihm das beständige Reisen zu lästig wird, eine bedeutende Zahl größerer und kleinerer eigener Schiffe, die theils dem Fischfange obliegen, theils alle möglichen Lebens- und Luxus-Bedürfnisse nach den verschiedenen Häfen Islands bringen.

Er selbst begleitet seine Schiffe jedes Jahr, und bleibt immer einige Monate in Island, um seine dortigen Geschäfte zu regeln. – Auf die Empfehlung Herrn Gottschalks war nun Herr Knudson so gütig mich mitzunehmen, und zwar auf demselben Schiffe, auf welchem er die Reise machte, – eine Gefälligkeit die ich gewiß zu würdigen weiß. Es gehört wahrhaftig viel dazu, eine Frau auf solch eine Reise mitzunehmen. Herr Knudson kannte weder meine Beharrlichkeit noch meine Ausdauer; er wußte nicht ob ich den Beschwerden einer Nordfahrt gewachsen sein würde, ob ich die Seekrankheit ruhig ertragen könne, und im Sturm und Unwetter Kühnheit genug besitze, nicht durch Klagen und Jammern das in solchen Fällen ohnehin nur zu beschäftigte Gemüth des Schiffers zu ermüden und zu belästigen. – Nichts von alledem berücksichtigte der brave Mann; er traute meinen Versprechungen, mich in allen Fällen standhaft zu halten, und nahm mich mit. Ja, seine Güte ging so weit, daß ich selbst in Island jede Annehmlichkeit, jede Erleichterung in Betreff der Ausführung meiner Reisen nur ihm zu danken hatte. Unter günstigeren Verhältnissen hätte ich unmöglich meine Reise antreten können.

Alle Schiffe, die Island besuchen, fahren Ende April, längstens Mitte Mai von Kopenhagen aus. Später wird nur ein einziges Schiff abgesendet, das Postschiff der dänischen Regierung, welches im Monat Oktober Kopenhagen verläßt, die Wintermonate in Island verbleibt, und im Monat März wieder zurückkehrt. Den Gewinn und Verlust dieser Expedition übernehmen die Kaufleute zu Kopenhagen auf Actien.

Auch eine französische Fregatte kömmt jedes Frühjahr nach Island und kreuzt da in den verschiedenen Häfen bis halben August. Sie überwacht ihre Fischer, die durch den reichlichen Gewinn des Fischfanges angezogen diese Meere im Sommer in großer Anzahl besuchen.

Um von Island zurückzukehren, findet man während des Sommers bis Ende September Gelegenheiten auf den Handelsschiffen, die mit den Rückfrachten nach Dänemark, England und Spanien gehen.

Von Kopenhagen nach Island.

Sonntag den 4. Mai trat endlich günstiger Wind ein; Herr Knudson ließ mich benachrichtigen, gegen Mittag bereit zu sein, um mich auf der schönen Brigg »Johannes« einzuschiffen.

Ich ging daher sogleich an Bord. – Die Anker wurden gelichtet, und die Segel entfalteten sich gleich herrlichen Flügeln, die uns mit sanften Schwingungen aus Kopenhagens Hafen trugen. – Kein schwerer Abschied von Kindern, Verwandten oder lang bewährten Freunden trübte diese Stunde, – ich verließ die Stadt mit leichtem, fröhlichem Gemüthe, und lebte nur der frohen Hoffnung, mein lange geträumtes, lange ersehntes Ziel nun bald zu erreichen.

Der heiterste Himmel lächelte uns zu, der günstigste Wind schwellte unsere Segel. Ich saß auf dem Verdecke und schwelgte in dem Anblicke der nie geschauten Bilder. – Hinter mir lag die herrlich ausgebreitete Stadt, vor mir der Sund, ein prachtvolles Wasserbecken, das ich einem großen schönen Schweizer-See vergleichen möchte, und links und rechts die Küsten von Dänemark und Schweden, die sich so zu einander neigen, daß sie dem kühnen Schiffer die Weiterfahrt zu verweigern scheinen.

Bald fuhren wir an dem schwedischen Städtchen Carlskrona vorüber, und bald an der öden Insel Hreen, auf welcher Tyho de Brahe den größten Theil seines Lebens zubrachte, und den Lauf der Gestirne beobachtete und verfolgte. – Und nun kam eine etwas gefährliche Stelle, der Ausgang des Sundes in das Kattegat. – Die eingeengte See und die starke Strömung erforderten des Schiffers ganze Behutsamkeit.

Die beiden Küsten treten hier bis auf eine viertel Meile Entfernung zusammen. Auf schwedischer Seite liegt das hübsche Städtchen Helsingborg, auf dänischer Helsingör, und an der Spitze einer hervortretenden Erdzunge die Festung Kronburg, die den durchziehenden Schiffen den Zoll abfordert, und für den Weigerungsfall eine große Zahl drohender Feuerschlünde weis't. Wir hatten schon bei Zeiten in Kopenhagen unsere Abgabe entrichtet, waren genau signalisirt und segelten furchtlos vorüber.

Diesen Durchgang überwunden, gelangten wir in das Kattegat, das schon mehr ein Bild der großen See gab; – die Ufer wichen immer mehr zurück, und die meisten Schiffe und Barken, die uns im Sunde von allen Seiten umgaukelt hatten, sagten uns »Lebewohl!« Die einen zogen gegen Westen, die andern gegen Osten, nur wir – allein auf der weiten verlassenen Bahn – segelten nach dem kalten, starren Norden. – Die Dämmerung begann erst nach neun Uhr Abends einzubrechen, und bald flimmerten die Sterne gar herrlich am Himmel, und an den Küsten blitzten die Feuer der Leuchtthürme auf, dem nächtlichen Schiffer die gefährlich hervorragenden Klippen bezeichnend.

Nun sagte ich Gott meinen innigen Dank für all seine bisherige Güte, bat ihn um seinen ferneren Schutz, stieg hinab in die Kajüte, wo mich eine bequeme Koje – an der Schiffswand festgemachte Schlafstätte – aufnahm, und bald sank ich in tiefen erquickenden Schlaf.

5. Mai.

Mit voller Gesundheit wachte ich auf, erfreute mich ihrer aber nur kurze Zeit. – Wir hatten in der Nacht das Kattegat und das Skagerak verlassen, und trieben nun auf der bewegteren Nordsee herum. Ein gar zu emsiger Wind, der beinahe in Sturm ausgeartet war, warf unser armes Schiff dermaßen herum, daß man schon ein tüchtiger Tanzkünstler hätte sein müssen, um sich nur einigermaßen auf den Füßen erhalten zu können; – ich war leider schon in meiner Jugend keine Verehrerin Therpsichorens gewesen, und also erst jetzt! – Unerbittlich erfaßten mich die Najaden dieser stürmenden See, und taumelten mit mir so lange herum, bis sie mich in die Arme des schrecklichsten der Schrecken – zwar nicht nach Schillers Deutung aber nach meiner Empfindung, – der Seekrankheit warfen. Anfangs achtete ich ihrer nicht sehr, und dachte, dieß Uebel würde von einer, so wie ich, an Alles gewohnt sein sollenden Reisenden, bald überwältigt. Umsonst war mein Kampf; – ich wurde immer leidender und mußte endlich in meiner Koje liegen bleiben, wo mich nur der einzige Gedanke tröstete, daß wir heute auf offener See waren, und ich ohnehin nichts hätte sehen können. – Doch den folgenden Tag schifften wir im Angesichte der Küste Norwegens; die mußte ich sehen. – Halbtodt schleppte ich mich auf das Deck, begrüßte eine Reihe schöner, ziemlich hoher Gebirge, deren Gipfel in so früher Jahreszeit noch in hellem Silber erglänzten, und eilte dann, beinah erstarrt durch die Kälte des eisigen Windes, in mein gutes, warmes Federbett zurück. – Niemand, der es nicht selbst erprobte, kann sich einen Begriff von der schneidenden, durchdringenden Kälte eines nordischen Sturmwindes machen. – Die Sonne stand glänzend am Himmel, der Thermometer wies drei Grad – ich rechne stets nach Reaumür – Wärme, und obwohl ich doppelt so viel warme Kleider anhatte, als in meinem Vaterlande bei einer Kälte von 6-8 Grad, so fror es mich doch bis in das Innerste, – ja es kam mir gerade so vor, als hätte ich gar keine Kleider an.

In der Nacht vom 4. auf den 5. Tag segelten wir glücklich an den Schetlands-Inseln vorüber und noch denselben Tag gegen Abend kamen wir so nahe an die herrlichen Felsgruppen der Faröen, daß wir ordentlich fürchten mußten, bei den unausgesetzten Stürmen an sie geschleudert zu werden.

Am siebenten Tage schon erreichten wir Islands Küste – eine unerhört schnelle Fahrt. Die Schiffer versicherten auch, daß ein günstiger Sturm dem Dampfe selbst vorzuziehen sei, und wir dießmal gewiß jeden Dampfer überflogen hätten. – Doch ich arme Seele hätte gerne auf Sturm und Dampf Verzicht geleistet, um nur einige Stunden Ruhe zu gewinnen. Mein Leiden nahm dermaßen zu, daß ich am fünften Tage beinah zu unterliegen wähnte. Eiskalter Schweiß durchnäßte meine Glieder; ich war im höchsten Grade schwach, mein Mund ausgetrocknet und die Uebelkeiten unausgesetzt. Ich fühlte die Nothwendigkeit entweder einen Gewaltstreich vollführen oder erliegen zu müssen. Ich raffte mich also auf, schleppte mich mit Hilfe des Schiffsjungen zu einem Sitze und versprach jedes Mittel zu nehmen, das man für gut fände. – Da gab man mir feine Grütze in Wasser gekocht, mit Wein und Zucker gemischt; davon mußte ich so lange genießen, bis es mein Magen behielt. Doch nicht genug, auch kleine Stückchen rohen Speck, tüchtig mit Pfeffer gewürzt, und sogar einige Tropfen Rum mußte ich verschlucken. – Welch ein herzhafter Entschluß zu solch einer Cur gehört, brauche ich wohl nicht zu sagen. Mir blieb aber keine Wahl; es hieß mich bezwingen oder unterliegen. Mit Ruhe und Ergebung verschluckte ich die mir gereichten Gaben, so oft, bis endlich nach vielen Stunden mein verwünschter Magen eine kleine Dosis davon behielt. Diese Cur wurde zwei ewig lange Tage fortgesetzt, – da fing ich erst an mich ein wenig zu erholen.

Ich beschreibe meine Krankheit und deren Heilart so genau, weil leider so viele Menschen daran leiden, und sich in diesem Zustande so schwer entschließen, eine Nahrung zu nehmen. Ich aber rathe Jedermann es nicht so lange anstehen zu lassen, wie ich es that, sondern gleich Anfangs Nahrung zu nehmen, und zwar so lange bis sie der Magen behält.

In der Reconvalescenz suchte ich meinen nicht minder krank gewordenen Geist durch ein emsiges Studiren des Lebens und Treibens der nordischen Seeleute auch wieder auf die Beine zu helfen.

Meine Schiffsgesellschaft bestand aus Herrn Knudson, Herrn Brüge, einem Kaufmann, den wir an den Westmanns-Inseln absetzen sollten, dem Capitän, dem Steuermann und sechs bis sieben Matrosen. – Die Lebensweise in der Kajüte war folgende: Des Morgens um 7 Uhr ward schwarzer Kaffee gereicht, – aber was für einer? – das wissen die Götter. – Ich verkostete ihn durch eilf Tage, und war nie so glücklich auf die Spur seines Vaterlandes zu gerathen. – Um 10 Uhr wurde Butter, Brod, Käse, nebst etwas kaltem Ochsen- oder Schweinefleisch genossen; – alles herrliche Gerichte – für gesunde Leute. – Den Schluß dieses Vormittags-Essens machte holländisches Theewasser – in Skandinavien und auch auf Island sagt man nie: »ich trinke Thee,« man setzt immer »Wasser« hinzu: Ich trinke Theewasser – wenn möglich noch schlechter als sein Vorgänger, der unvergleichliche Kaffee. – Ich fiel also überall durch; die Gerichte waren mir zu stark, die Getränke zu – ich finde eigentlich gar keinen Ausdruck – vermuthlich zu verkünstelt. Mein Trost blieb die Mittagstafel. – Ach wie bald zerrann dieser schöne Traum! – Am sechsten Tage zum erstenmale setzte ich mich an den gedeckten Tisch. Da fiel mir gleich das darüber gebreitete Tuch in die Augen. – Bei unserer Einschiffung mochte es vielleicht weiß gewesen sein,

– jetzt keineswegs mehr. Das unaufhörliche Rollen und Werfen des Schiffes hatte alle genossenen Gerichte und Getränke darauf verzeichnet. Eine Art Netz von Holz wurde nun darüber gespannt, die Teller und Gläser darein gesetzt, um so gegen das Hinabrollen gesichert zu sein. Ehe aber der gute Schiffsjunge dieß that, nahm er jedes einzelne Teller und Glas und reinigte es an einem in der Nähe hangenden Handtuche, welches zwar an Farbe nicht einem Regenbogen wohl aber an Schmutz dem Fußboden glich; und dieß wäre noch zu ertragen gewesen, – aber des Morgens diente es **wirklich** als Handtuch und zu den andern Zeiten des Tages auch als Handtuch – für Teller und Gläser.

Bei dergleichen Operationen wandte ich immer die Augen ab, und dachte mir, daß vielleicht gerade mein Glas und mein Teller am zartesten, oder wohl gar nicht damit berührt worden sei, und wandte meine ganze Aufmerksamkeit auf die nun zu erwartenden Speisen.

Eine Suppe machte den Anfang; aber statt der Rindsuppe war es eine Wassersuppe, mit Reis und getrockneten Pflaumen verkocht. Darein wurde bei Tische noch etwas rother Wein und Zucker gemischt, und nun war für dänische Gaumen eines der kostbarsten Gerichte bereitet; – mir behagte es durchaus nicht. – Die zweite und letzte Speise bestand aus einem tüchtigen Ochsenbraten, an dem ich nichts aussetzen konnte, als, daß er für meine noch schwache Gesundheit zu schwer war. – Der Abend bot dasselbe, was wir zum Vormittags-Imbiß gehabt hatten. Jede Mahlzeit wurde noch überdieß mit Theewasser beschlossen. Im Anfange behagte mir diese Lebensweise gar nicht; doch siehe, schon nach einigen Tagen meiner Besserung gewöhnte ich mich daran, und konnte die Schiffskost recht gut vertragen.[3]

Da der reiche Schiffsherr selbst am Bord war, so fehlte es

auch nicht an den besten Weinen, und selten verging sogar ein Abend, ohne daß nicht auch Punsch gekostet worden wäre. – Freilich fand man für jede zu trinkende Flasche Wein oder Bowle Punsch irgend eine besondere Veranlassung, z. B. bei der Abfahrt, oder wenn der Wind günstig war, da trank man ihm zu, mit der Bitte so zu bleiben; war er ungünstig, mit der Bitte anders zu werden; – sah man Land, so mußte es mit einem Gläschen Wein begrüßt werden; – es mochten wohl oft auch mehrere gewesen sein, zum Zählen war ich aber zu seekrank – verloren wir es wieder, mußte ihm »Lebewohl« gesagt werden, – und so gab es täglich drei, vier ganz besondere Veranlassungen.

Die Matrosen bekamen Morgens und Abends Theewasser ohne Zucker, und ein Gläschen Brandwein, des Mittags Hülsenfrüchte, Grütze oder Kartoffeln, dazu Stockfisch, Speck oder gesalzenes Fleisch; Schiffszwieback, der recht gut schmeckt, konnten sie nehmen, so viel sie wollten.

Uebrigens ist die Nahrung noch nicht das Schlechteste, was diese armen Leute haben, deren Leben ein beständiger Kampf gegen die Elemente genannt werden könnte, da sie gerade bei den fürchterlichsten Stürmen, bei Regen und schneidender Kälte fortwährend auf das Deck gewiesen sind. – Ich bewunderte wirklich den Gleichmuth, ja ich möchte sagen, die Heiterkeit und Unverdrossenheit mit der sie ihre schwere Pflicht erfüllen. – Und was haben sie dafür? – Einen kargen Lohn, die eben beschriebene Nahrung, und zur Schlafstelle den kleinsten, unbrauchbarsten Raum im Schiffe, der nicht selten voll Ungeziefer, finster und sehr übelriechend ist, denn da werden außerdem Oelfarben, Firniß und Theer, Stock- und Trockenfische u. s. w. aufbewahrt.

Um dabei zufrieden zu sein, muß man wirklich sehr genügsam und herzensgut sein. – Die dänischen Matrosen sind es aber auch. – Häufig, im Laufe der Reise auf diesem und auf andern Schiffen, hatte ich Gelegenheit mich davon zu überzeugen.

Doch nun, nach all diesen ausführlichen Beschreibungen, ist es höchste Zeit, zur Reise selbst wieder zurückzukehren.

Leider setzten die günstigen Stürme, die uns schon am siebenten Tage bis in die Nähe der isländischen Küste getrieben hatten, plötzlich um, und schlugen uns zurück. Wir lavirten hin und her auf dem sturmbewegten Meere, das mit mancher spanischen Woge[4] unser Schiff ganz überdeckte. Zweimal versuchten wir den Westmanns-Inseln (zu Island gehörig) nahe zu kommen, um da bei günstiger Gelegenheit Anker zu werfen, und unsern Reisegefährten Herrn Brüge abzusetzen; – doch vergebens, immer wieder wurden wir zurückgeschlagen. – Endlich am Schlusse des eilften Tages erreichten wir Havenfiord, einen sehr guten Hafen, zwei Meilen von Reikjavik, der Hauptstadt Islands, entfernt.

Trotz diesem sehr ungelegenen Umsetzen des Sturmes hatten wir eine unerhört schnelle Fahrt gemacht. – Man rechnet von Kopenhagen nach Island in gerader Linie 300 geographische Meilen; – für ein Segelschiff, das hin und her laviren und so viel möglich immer mit dem Winde gehen muß, 350 bis 400. – Hätte der uns Anfangs so günstige Sturm am siebenten Tage nicht umgesetzt, und nur noch 30-40 Stunden angehalten, so würden wir schon am achten oder neunten Tage in Island gelandet haben, – eine Fahrt die selbst ein Dampfer nicht so schnell hätte machen können.

Die Gestade Islands erschienen mir ganz anders, als ich sie den Schilderungen nach, die ich gelesen, mir vorstellte. Ich dachte sie mir kahl, ohne Strauch, ohne Baum, wüst und öde, – und da sah ich Rasenhügel, Gesträuche, ja sogar Waldgruppen kleiner, wie es mir schien, verzwergter Bäume;

– doch wir kamen näher und näher, und ich konnte deutlicher unterscheiden. – Da wurden die Rasenhügel zu menschlichen Wohnungen mit kleinen Thüren und Fensterchen, und die Baumgruppen entwirrten sich in 10-15 Fuß hohe Lavamassen, die mit Moos und Gras ganz überwachsen waren. Alles war für mich neu und überraschend; kaum konnte ich erwarten zu landen.

Endlich wurden die Anker ausgeworfen – doch erst am folgenden Morgen schlug die Stunde der Erlösung und Ausschiffung.

Noch eine Nacht – – dann war Alles überstanden, dann konnte ich Island, das lange ersehnte, betreten, und schwelgen in den Wundern dieser kunstarmen, aber dafür naturreichen Insel.

Bevor ich nun Island betrete, sei es mir erlaubt, einige Bemerkungen über diese Insel vorauszuschicken. Ich entnehme sie der Beschreibung Islands von Makenzie, einem Buche, dessen gediegener Werth überall anerkannt ist.

»Man schreibt die Entdeckung Islands dem Unternehmungsgeiste einiger norwegischer und schwedischer Seeräuber um das Jahr 860 n. Chr. G. zu. Sie wurden dahin verschlagen, als sie nach den Faröer-Inseln segelten. Aber erst im Jahre 874 wurde sie von freiwilligen Auswanderern, die sich unter der Regierung Harald des Schönhaarigen unglücklich fühlten, unter der Anführung Ingolf's bevölkert. Diese Ankömmlinge sollen nirgends Spuren von Wohnungen gefunden haben, und so waren also sie die ersten, welche die Insel in Beschlag nahmen.«

»Bei ihrer Ankunft soll die Insel noch so mit Dickicht bedeckt gewesen sein, daß an einigen Orten erst Durchwege geöffnet werden mußten. – Die Norweger brachten ihre Sprache, Religion, Sitten und historischen Denkmäler mit herüber, nebst einer Art von Lehns-Verfassung, welche aber ungefähr um das Jahr 928 etwas aristokratisch wurde, obwohl sie republikanisch hieß. – Die Insel wurde da in vier Provinzen getheilt, und über jede ein erblicher Landvogt oder Richter gesetzt.«

»Die General-Versammlung von Island (All-Sing genannt) wurde jährlich an den Küsten des See's Thingvalla gehalten. Sie hatten ein treffliches Gesetzbuch, das für alle Vorfälle in der Gesellschaft gesorgt hatte. – Diese Verfassung währte über 300 Jahre, und man möchte diese Periode »Islands goldenes Zeitalter« nennen. Erziehung, Literatur und selbst verfeinerte Poesie waren unter den Einwohnern in Blüthe. – Sie nahmen Theil an dem Handel und an den Abenteuern zur See, welche die Norweger unternahmen, um neue Entdeckungen zu machen.«

Die Sages oder Geschichten des Landes enthalten manche Erzählung persönlicher Tapferkeit. Ihre Barden und Geschichtschreiber besuchten andere Länder, wurden die Günstlinge der Monarchen, und kehrten bedeckt mit Ehre und beladen mit Geschenken in ihre Insel zurück. – Die Edda von Sämund ist eine der geschätztesten Dichtungen Island's älterer Zeit; der zweite Theil der Edda, Skalda genannt, stammt aus neuerer Zeit, und wird von Vielen dem berühmten Snorri Sturluson zugeschrieben. – – Isleif, der erste Bischof von Skalholt, war der früheste isländische Geschichtschreiber, dann folgte der berühmte Snorri Sturluson, welcher 1178 geboren der reichste und mächtigste Mann in Island wurde.

»Zu den Generalversammlungen Islands begleitete ihn häufig ein glänzendes Gefolge von 800 bewaffneten Männern. – Er war ein großer Geschichtschreiber und

Dichter, besaß eine genaue Kenntniß der griechischen und lateinischen Sprache, und war ein bewunderungswürdiger Redner. Außer der Edda schrieb er auch noch die Haimskringla.«

»Die erste Schule wurde zu Skalholt um die Mitte des 11. Jahrhunderts unter Isleif, dem ersten Bischof zu Island, gestiftet, dann folgten noch vier andere Schulen und einige Klöster. Poesie und Musik scheint zu einem Zweige der Erziehung gehört zu haben.«

»Es scheint, daß das Clima einst in Island minder rauh war als jetzt; es scheint, daß ehemals Korn wuchs, daß Bäume und Sträucher höher und dicker wurden, als es jetzt der Fall ist. – Die Bevölkerung Islands soll damals beträchtlich stärker gewesen sein wie jetzt, doch gab es auch damals weder Orte noch Dörfer; die Einwohner lebten zerstreut im Lande herum. Die jährliche Volksversammlung wurde zu Thingvalla unter freiem Himmel gehalten.«

»Die Hauptbeschäftigung der Einwohner war Fischfang. Ihre Kleidung bestand aus der verarbeiteten Wolle ihrer Schafe; – eine fernere Beschäftigung gewährte ihnen ihr Handel mit dem Auslande.«

»Im Jahre 981 wurde die Lehre des Christenthums zuerst durch Friedrich, einen Bischof zu Sachsen, eingeführt. Es wurden nun viele Kirchen errichtet, und Zehnten zum Unterhalte der Geistlichkeit eingeführt. – Isleif, der erste Bischof zu Skalholt, wurde im Jahre 1057 ordinirt. Nach Einführung des Christenthums erfreuten sich die Isländer beinahe zwei Jahrhunderte lang einer einfachen aber ungestörten Religionsübung.«

»Grönland und der nördlichste Theil Amerika's soll von Isländern entdeckt worden sein.«

»In der Mitte des 13. Jahrhunderts ging Island in die

Gewalt der norwegischen Könige über. – Im Jahre 1380 wurde Norwegen mit der dänischen Krone vereinigt, und Island ohne Widerstand der dänischen Monarchie einverleibt. – Seit dem Uebertritte an Norwegen und dann an Dänemark folgte Ruhe und Sicherheit auf die innern Unruhen, welche vor dieser Zeit häufig statt hatten; doch dieser ruhige Zustand brachte Apathie und Indolenz hervor. – Die Seeabenteuer wurden durch die neue Regierung gehemmt, der Handel gerieth nach und nach in die Hände der Eingebornen anderer Reiche. – Es scheint sich auch das Clima verändert zu haben, oder die verminderte Industrie und nicht genug Fleiß der Einwohner haben den Ackerbau gänzlich in Verfall gebracht.«

»Im Jahre 1402 brach auf der Insel die Pest aus und verminderte die Bevölkerung um zwei Dritttheile.«

»Die erste Buchdruckerpresse wurde zu Hoolum um's Jahr 1530, unter der Aufsicht des Bischofs John Areson, nach Island gebracht.«

»Die Reformation in der isländischen Kirche kam nicht ohne Unruhe zu Stande. Im Jahre 1551 wurde die Reformation gesetzlich eingeführt.«

»Die Isländer litten im 15. Jahrhundert viel von den seeräuberischen Einfällen der Fremden. Selbst noch im Jahre 1616 hatte die französische und englische Nation Theil an dieser Gräuelthat. Der traurigste Vorfall aber dieser Art ereignete sich im Jahre 1627, als ein großer Haufe algierischer Seeräuber Islands Küsten überfiel, bei 50 Einwohner ermordete, und bei 400 mit in die Gefangenschaft führte.«

»Das 18. Jahrhundert hob mit einer fürchterlichen Sterblichkeit durch die Pocken an, daß mehr als 16,000 Einwohner dadurch aufgerieben wurden. Im Jahre 1759 raffte eine Hungersnoth bei 10,000 Menschen dahin.«

»Das Jahr 1793 zeichnete sich durch die schrecklichsten vulkanischen Ausbrüche aus, welche im Innern der Insel statt hatten. Ungeheure Ströme Lava bedeckten Alles vor sich her, große Flüsse wurden in ihrem Laufe gehemmt und bildeten Seen. Länger als ein Jahr bedeckte eine dichte Rauchwolke und vulkanische Asche ganz Island, und verdunkelte beinah das Sonnenlicht. Hornvieh, Schafe und Pferde wurden aufgerieben, Hungersnoth mit ihren begleitenden Krankheiten, und abermal die bösartigen Pocken, rafften in einigen Jahren mehr als 11,000 Menschen dahin, ein Viertel der ganzen gegenwärtigen Bevölkerung.«

»Die Insel Island liegt im atlantischen Ocean; ihre größte Breite beträgt 60 geographische Meilen und ihre Länge 35 geographische Meilen. – Die Einwohnerzahl rechnet man auf 48,000, den Flächeninhalt auf 1800 Quadrat-Meilen.«

Meine Ankunft zu Havenfiord und Reise nach Reikjavik.

Am 16. Mai Morgens wurde ich in dem Hafenorte Havenfiord ausgeschifft, und betrat nun zum erstenmal die Gestade Island's. – Obwohl ich von der Seekrankheit, und mehr noch von dem immerwährenden Herumwerfen des Schiffes ganz betäubt war, alle Gegenstände um mich her ordentlich tanzen sah, und kaum einen festen sichern Schritt machen konnte, so litt es mich doch nicht in Herrn Knudson's Hause, das er mir bereitwillig zum Absteigquartier angeboten hatte; – ich mußte gleich hinaus, und Alles untersuchen und prüfen. Ganz Havenfiord fand ich nur bestehend aus drei hölzernen Häusern, einigen Magazinen von demselben Material erbaut, und mehreren Kothen (Bauernhäusern).

Die hölzernen Häuser sind von Kaufleuten oder ihren Factoren bewohnt, und bilden nur Erdgeschosse mit vier bis sechs Fenstern Fronte. Ueber zwei bis drei Stufen steigt man zum Eingange, der sich in der Mitte befindet und zum Vorgemache führt, von welchem rechts und links die Thüren in die vordern Zimmer gehen. Rückwärts ist die Küche, und von da gelangt man in die Hofzimmer und in den Hofraum. – Ein solches Häuschen besteht aus 4-6 Zimmern im Erdgeschosse, und einigen Kämmerchen unter dem Dache.

Die Einrichtung ist ganz europäisch, Möbel – häufig sogar von Mahagony-Holz, – Spiegel, gußeiserne Oefen, – – Alles kömmt von Kopenhagen. Schöne Teppiche liegen vor den Canapeen ausgebreitet, niedliche Gardinen beschatten die Fenster, englische Kupferstiche zieren die weiß übertünchten Wände, Porzellan, Silberzeug, geschliffene Gläser u. s. w. stehen auf Kasten oder Ecktischen zur Schau ausgebreitet, Blumentöpfe mit Rosen, Reseden, Nelken etc. verbreiten einen herrlichen Duft, – ja ich fand sogar ein Quer-Fortepiano hier. – Könnte man Jemand plötzlich, ohne daß er die Reise gemacht hätte, in solch ein Häuschen versetzen, er würde gewiß glauben, in einer Stadt des Continents zu sein, und nicht in Island, dieser weit entfernten, nackten und armen Insel. – Und so wie hier in Havenfiord, fand ich die Häuser der wohlhabenderen Classe auch in Reikjavik, und allen andern Orten, die ich besuchte.

Von diesen schmucken Häusern begab ich mich in jene der Bauern, die waren eigenthümlicher, schon mehr isländisch. – Klein und nieder, von Lava-Steinen zusammengefügt, die Zwischenräume mit Erde fest ausgefüllt, und das Ganze mit großen Grasplatten überlegt, würde man sie eher für natürliche Erderhöhungen halten, wenn nicht die hervorragenden hölzernen Kamine, die niedrigen Thüren und die kaum merkbaren Fensterchen auf ihre Bewohnbarkeit schließen ließen. Ein ungefähr vier Fuß hoher, schmaler, finsterer Gang führt einerseits in die Wohnstube, andererseits in einige Behältnisse, die theils zur Aufbewahrung der Lebensvorräthe, theils den Kühen und Schafen im Winter als Ställe dienen. – Am Ende dieses Ganges, der so nieder gebaut ist, um die Kälte mehr abzuhalten, befindet sich gewöhnlich die Feuerstelle. Die Wohnstuben der ärmeren Classe haben weder getäfelte Wände noch Fußböden, und sind gerade groß genug um darin schlafen und allenfalls noch sich umdrehen zu können. Die ganze Einrichtung besteht in Bettstellen mit sehr wenig Bettgewand, in einem Tischchen und einigen Truhen. Betten und Truhen vertreten die Stelle der Bänke und Stühle. Oberhalb der Betten sind Stangen gezogen, auf welchen die Kleider, Schuhe, Strümpfe und dergleichen hängen. Gewöhnlich sieht man da auch noch ein Brettchen aufgemacht, worauf einige Bücher liegen. – Oefen benöthigen sie keine. Ihre eigene Ausdünstung ist ergiebig, der Raum klein, und der Bewohner sind genug.

Um die Feuerstellen sind ebenfalls Stangen gezogen, um die nassen Kleidungsstücke zum Trocknen und die Fische zum Räuchern aufzuhängen. Der Rauch verbreitet sich bis beinahe in die Stube, und zieht nur langsam durch einige Luftlöcher in's Freie hinaus.

Brennholz hat man auf der ganzen Insel keines. – Die Reichen lassen es von Norwegen oder Dänemark kommen, die Armen brennen Torf, zu dem sie oft noch Fischgräten oder sonstige Fette, stinkende Abfälle von Fischen mengen, die dann natürlich den übelriechendsten Rauch erzeugen.

Tritt man in eine solche Kothe, so weiß man wirklich nicht, was schrecklicher ist, im Vorraume der erstickende Rauch oder in der Wohnstube die durch die Ausdünstung und Unreinlichkeit so vieler Menschen verpestete Luft. Ich möchte auch beinahe behaupten, daß der in Island herrschende, schreckliche Ausschlag, Lepra genannt, mehr eine Folge der beispiellosen Unreinlichkeit, als des Climas und der Nahrung ist.

Auf meinen fernern Reisen im Lande fand ich die Kothen der Bauern überall gleich ärmlich, und besonders unrein. Natürlich spreche ich von der Mehrzahl und nicht von den Ausnahmen, denn auch hier gibt es einzelne reiche Bauern, bei denen es, nach dem Stande ihrer Wohlhabenheit oder ihres Ordnungssinnes, besser und wohnlicher aussieht.

Man muß aber, nach meiner Ansicht, als Basis, die Lebensweise der großen Zahl und nicht, wie viele Reisende pflegen, die der Einzelnen aufstellen. – Und ach! wie selten traf ich solche Einzelne.

Die Umgebung Havenfiord bildet eines der schönsten, pittoreskesten Lavafelder, das sich anfänglich hügelförmig erhebt, dann wieder in Niederungen verläuft und endlich in einer großen Ebene bis zu den nächsten Bergen fortläuft. Da sieht man Massen, oft schwarz und nackt, in den verschiedenartigsten Formen sich 10 bis 15 Fuß hoch aufthürmen. Sie bilden Wände, Säulentrümmer und kleine Grotten und Vertiefungen, über welche letztere oft wieder große Platten wie natürliche Brücken liegen. Alles, Alles besteht aus plötzlich erstarrten, angehäuften Lavamassen, die auch stellenweise mit Gras und Moos bis hoch an die Spitzen bedeckt sind, und so von ferne gesehen, jenen bereits beschriebenen Gruppen verzwergter Bäume glichen. – Pferde, Schafe und Kühe kletterten da herum und suchten emsig nach jedem grünen Plätzchen. – Auch ich ward des Kletterns nicht müde; ich konnte diese fürchterlich schöne Verwüstung nicht genug anstaunen und bewundern.

Schon nach einigen Stunden hatte ich die auf der See erlittenen Beschwerden so ganz vergessen und fühlte mich so gestärkt, daß ich noch denselben Tag, gegen 5 Uhr Abends meine Weiterreise nach Reikjavik antrat. – Herr K. schien sehr für mich zu fürchten; er warnte mich vor den schlechten Wegen, und besonders vor den gefährlichen Abgründen, an denen ich vorüber müsse, – doch beruhigte ich ihn mit der Versicherung, daß ich des Reitens kundig sei, und wohl schwerlich schlechtere Wege finden könnte, als ich bereits in Syrien die Ehre gehabt hatte, kennen zu lernen. – Ich nahm also Abschied von diesem guten Herrn, der noch 8-14 Tage in Havenfiord zu bleiben gedachte, bestieg ein kleines Pferdchen, und setzte mich, in Begleitung meiner Führerin, in Bewegung.

In dieser lernte ich eine merkwürdige Antiquität Island's kennen, die wohl werth ist, ihrer mit einigen Worten zu erwähnen. Sie zählt über 70 Jahre, sieht aber aus, als hätte sie deren kaum 50, auch umgibt dunkelblondes, reiches, halbgelocktes Haar ihren Kopf. Sie ist als Mann gekleidet, verrichtet die größten und beschwerlichsten Botengänge, rudert ein Boot so kräftig und sicher wie der gewandteste Fischer, und besorgt alles schneller und genauer wie ein Mann, weil sie sich auf ihren Wanderungen in nicht so häufige Vertraulichkeit mit der Brandweinflasche setzt. Sie schritt mir so wacker voran, daß ich mein Pferdchen mit manchem Peitschenhiebe zur größeren Eile stacheln mußte.

Der Weg führte anfänglich zwischen Lavamassen, wo es allerdings etwas schlecht zu reiten war, dann über Flächen und kleine Anhöhen, von welchen letzteren man das ungeheure Thal übersah, in welchem Havenfiord, Bässestadt, Reikjavik und noch andere Orte zerstreut lagen. – In Bässestadt, das auf einer Spitze liegt, die sich in das Meer hinaus erstreckt, und stets sichtbar ist, befindet sich eine Hauptschule, eine gemauerte Kirche und einige Kothen. – Das Städtchen Reikjavik sieht man nicht, da es hinter einem Hügel verborgen liegt. Auch die andern Orte, die meist nur aus 2-3 Kothen bestehen, sieht man erst, wenn man ihnen schon ganz nahe ist. – Mehrere Gebirgsketten, eine die andere überragend, einige Jokuln (Gletscher) die jetzt noch bis tief herab im winterlichen Kleide schimmerten, umgeben dieß unübersehbare Thal, das nur auf einer Seite, gegen das Meer, offen war. Manche der Ebenen und Hügeln erglänzten im saftigen Grün, so, daß ich dachte, schöne Wiesen zu erblicken. Doch bei näherer Besichtigung fand ich nur sumpfige Stellen und Anhäufungen von hundert und hundert kleinen Erhöhungen, die theils Maulwurfshaufen, theils kleinen Grabeshügeln glichen, und mit Gras und Moos überwachsen waren.

Ich übersah einen Umkreis von gewiß mehr als 8-10 Meilen und erblickte keinen Baum, keinen Strauch, kein Stückchen Feld und kein freundlich Dörfchen. – Es war überall todt. – Hie und da lagen einige Kothen; selten schwirrte ein Vögelchen in der Luft, und noch seltener ward mir der trauliche Gruß eines Menschen zu Theil. – Lava-Gerölle, Sumpf- und Torf-Stellen umgaben mich von allen Seiten; nirgends in dem weiten Raume, war auch nur ein Fleckchen zu sehen, das von einem Pfluge hätte können durchfurcht werden.

Nachdem ich eine starke Meile zurückgelegt hatte, gelangte ich auf einen Hügel, von welchem aus ich nun auch Reikjavik, das einzige Städtchen und den Haupthafen der Insel erblickte. Meine Erwartungen wurden aber sehr getäuscht; ich sah nur ein kleines Dörfchen.

Die Entfernung von Havenfiord bis Reikjavik beträgt kaum zwei Meilen; da ich aber meine gute alte Wegweiserin nicht zu sehr ermüden wollte, ritt ich doch über drei Stunden daran. – Der Weg war größtentheils sehr gut, bis auf einige Stellen, wo es über Lava-Gerölle ging. Von den gefürchteten, schwindelerregenden Abgründen sah ich keine, es müßten nur jene Stellen darunter gemeint gewesen sein, wo man manchmal in der Nähe des Meeres auf ganz niederen Abhängen ritt, oder auf den Lavafeldern, wo sich manchmal eine kleine Vertiefung von höchstens 15-16 Fuß aufthat.

Nach acht Uhr Abends war ich so glücklich Reikjavik wohl und gesund zu erreichen. Bereits war hier durch die gütige Fürsorge des Herrn K. in einem seiner Häuser, bei der biedern Bäckerfamilie Bernhöft, ein recht artiges Zimmerchen für mich gerichtet, und wahrlich – bessere Aufnahme hätte ich nirgends finden können.

Die ganze Familie bewies mir während meines langen Aufenthaltes eine Herzlichkeit und Liebe, die man gewiß nur selten findet. – Gar manche Stunde entzog Herr Bernhöft seinem Geschäfte, opferte sie mir und begleitete mich auf kleinen Ausflügen. Emsig suchte er gleich mir nach Blumen, Käfern oder Muscheln, und hatte die herzlichste Freude, wenn er etwas fand, das ich noch nicht hatte. Auch seine treffliche Frau und lieben Kinder standen ihm an Gefälligkeit nicht nach. – Ich kann nichts sagen, als: Gott lohne ihnen tausendfältig ihre Güte und Freundlichkeit!

Ich hatte hier sogar Gelegenheit meine theure Muttersprache zu hören, und zwar von Herrn Bernhöft, einem Holsteiner von Geburt, der, obschon lange, lange Jahre theils in Dänemark, theils in Island ansässig, das liebe Deutsch doch noch nicht ganz vergessen.

Ich war also jetzt in Islands einziger Stadt, in dem Sitze der sogenannten gebildeten Classe, deren Leben und Treiben ich nun auch meinen verehrten Lesern schildern will.

Nichts war mir befremdender als der gewisse edle Anstand, den sich die Damen hier zu geben versuchten, und der, wenn er nicht angeboren ist, oder durch sehr viele Uebung natürlich wird, nur zu leicht in Steifheit übergeht. Wenn man mit ihnen zusammen trifft, neigen sie den Kopf gerade so vornehm und nachlässig, wie wir es kaum gegen den geringsten Fremdling thun würden. – Am Ende eines Besuches geleitet die Hausfrau den Gast nur bis an die Thüre des Empfangzimmers. – Ist der Gemahl gegenwärtig, so setzt er diese Begleitung etwas weiter fort; ist dieß nicht der Fall, so geräth man oft in einige Verlegenheit, indem man nicht recht weiß, durch welche Thüre man zum Ausgange gelangt. – Einen Diener, der den ferneren Wegweiser machen könnte, findet man nirgends, als nur beim Stiftsamtmann (erster Beamter auf der Insel Island). Schon in Hamburg traf ich die erste Spur dieser Steifheit; je weiter ich aber gegen Norden kam, desto mehr nahm sie zu, bis sie in Island die höchste Stufe erreichte.

Selbst gute Empfehlungsbriefe vermögen oft nicht die nordischen Honorationen gegen Fremde geschmeidig zu machen. Als Beweis diene folgendes Beispiel.

Ich hatte unter mehreren recht herzlichen Empfehlungsbriefen auch einen an den hiesigen Stiftsamtmann Herrn von H.... erhalten. – Als ich in Kopenhagen ankam, erfuhr ich, daß auch er sich da befände. Ich begab mich zu ihm; man wies mich in ein Zimmer, in welchem sich zwei junge Frauen und drei Kinder befanden. Ich gab meinen Brief ab, und blieb eine Weile ruhig stehen. Da man mir keinen Platz antrug, setzte ich mich endlich ungeheißen auf den nächsten Stuhl, weit davon entfernt mir zu denken, die Hausfrau selbst könne zugegen sein, und nicht einmal die gewöhnlichsten, jedem Fremden gebührenden Artigkeitsformeln beobachten. – Nachdem ich schon ziemlich lange Zeit da gesessen und gewartet, erschien Herr von H. in höchst eigener Person, äußerte einiges Bedauern, daß er für mich nur äußerst wenig Zeit habe, indem er im Kurzen sammt seiner Familie sich nach Island einschiffen müsse, und hier noch eine große Menge sehr wichtige Geschäfte zu besorgen habe. – Schließlich gab er mir noch den gut gemeinten Rath, meinen Plan, Island zu besuchen, aufzugeben, indem die Beschwerden des Reisens in diesem Lande doch gar zu groß seien; da ich aber fest darauf beharrte, versprach er, falls ich früher nach Reikjavik abginge als er, mir einen Empfehlungsbrief dahin mitzugeben. Alles dieß ward in Eile und zwar stehend abgemacht. – Ich empfahl mich, und wollte auch gar nicht mehr um den Brief kommen. Doch besann ich mich anders, schob die Unfreundlichkeit des Benehmens auf gedrängte und vielleicht unangenehme Geschäfte, und ging nach zwei Tagen wieder hin. Da ließ man mir den Brief durch ein Dienstmädchen reichen; – den hohen Herrschaften, die ich im Nebenzimmer witterte, mochte die persönliche Uebergabe wohl zu beschwerlich gewesen sein.

Als ich in Reikjavik dieser liebenswürdigen Familie meinen Besuch abstattete, war ich sehr erstaunt in Frau v. H. eine jener Damen zu erkennen, die in Kopenhagen nicht einmal so artig gewesen waren, mir einen Stuhl anzutragen. – Nach fünf, sechs Tagen erwiederte Herr v. H. meinen Besuch, und lud mich zugleich zu einem Spazierritte nach Vatne ein. Ich nahm diese Artigkeit mit vieler Freude an, und bat ihn im Stillen um Vergebung mit meinem Urtheile so rasch gewesen zu sein. – Seine gute Frau Gemahlin fand aber erst in der vierten Woche meines Aufenthaltes zu Reikjavik den Weg zu mir, obwohl sie mir gegenüber wohnte; auch lud sie mich gar nicht ein, sie wieder zu besuchen, was ich denn natürlich auch unterließ, und so war unsere Bekanntschaft ein- für allemal geendet. – Und so wie sich das Haupt der Insel, benahmen sich pflichtschuldigst auch die übrigen Honoratioren dieses Städtchens. Kein Gegenbesuch, keine Einladungen wurden mir zu Theil, obwohl ich gar oft von Lustpartieen, Diners und Abendgesellschaften hörte. – Hätte ich mich glücklicher Weise nicht selbst zu beschäftigen gewußt, so wäre es mir hier wohl sehr schlecht ergangen. – Keine der Frauen hatte so viel Gemüth oder Zartgefühl zu denken, daß ich hier ganz allein stehe, und daß Umgang mit gebildeten Menschen mir Bedürfniß sein könnte – Weniger wehe that mir diese Unaufmerksamkeit von Seite der Herren. – Jung bin ich nicht mehr, und dieß schließt Alles in sich. – Fehlte schon den Frauen Zartgefühl, durfte ich es wohl bei den Herren um so weniger erwarten.

Ich suchte diesem Benehmen auf die Spur zu kommen,

und fand sie nur zu bald in einem Hauptcharakterzuge, in dem Eigennutze dieser Menschen.

Kaum war ich in Reikjavik angekommen, erkundigte man sich sehr angelegentlich von allen Seiten, ob ich reich sei, oft Gesellschaften bei mir sehen werde, oder ob sonst viel bei mir zu verdienen sein werde.

Um hier gut aufgenommen zu werden, muß man entweder reich sein, oder als Naturforscher reisen. Letztere werden meist von europäischen Höfen gesandt, um die Merkwürdigkeiten des Landes zu untersuchen. Sie machen große Sammlungen von Mineralien, Vögeln u. s. w.; sie bringen viele und mitunter bedeutende Geschenke mit, die sie unter den Honoratioren vertheilen; sie veranstalten manche Unterhaltung, ja sogar manch kleinen Ball u. s. w. Sie kaufen Alles, was sie von Sammlungen erlangen können, sie reisen immer in Gesellschaft, sie haben viel Gepäck bei sich, und benöthigen viele Pferde. Letztere bekommt man in Island nicht zu borgen, man muß sie kaufen. Bei solchen Gelegenheiten ist hier zu Lande Jedermann Mäkler. Von allen Seiten werden Einem Pferde und Sammlungen aller Art angetragen.

Am allerwillkommensten ist da freilich die französische Fregatte, die alljährlich Island besucht, und an deren Bord es bald Gabelfrühstücke und Mittagstafeln, bald kleine Abendgesellschaften und Bälle gibt. – Da hat man doch Ersatz, und bekömmt noch obendrein schöne Geschenke; der Stiftsamtmann erhält sogar von der französischen Regierung jährlich 600 fl. als Ersatz für einige Gegenunterhaltungen, die er den Marine-Officieren gibt.

Bei mir war dieß nun nicht der Fall; ich gab keine Gesellschaften, ich brachte keine Geschenke, von mir hatten sie nichts zu hoffen, und folglich zogen sie sich zurück.

Daher behaupte ich aber auch, daß nur Derjenige den wahren Charakter der ihn umgebenden Menschen studieren kann, der anspruchslos in ihre Mitte tritt, von dem sie nichts zu erwarten haben. Nur gegen diesen zeigen sie sich in ihrer Natürlichkeit, und finden es nicht der Mühe werth die Larve der Verstellung vorzunehmen. Freilich macht man da oft schmerzliche Erfahrungen; trifft man aber auf gute Menschen, was denn doch auch häufig geschieht, so weiß man, daß sie wirklich so sind. – Und so werden es meine geneigten Leser und Leserinen verzeihlich finden, wenn ich aller jener Menschen erwähne, die sich der anspruchslosen Fremden mit Herzlichkeit annehmen. Durch nichts anders bin ich im Stande ihnen meine Dankbarkeit auszudrücken.

Ich hatte also nur mit wenigen Personen Umgang, und daher Zeit genug zu einsamen Spaziergängen, auf welchen ich Alles um mich her genau besehen und beobachten konnte.

Das Städtchen Reikjavik besteht nur aus einer einzigen breiten Gasse, um welche herum noch einzelne Häuser und Kothen liegen. – Die Zahl der Einwohner beträgt nicht ganz 500.

Die Häuser der Wohlhabenden sind aus Holz gebaut, haben aber alle nur Erdgeschoß, bis auf Eines, in welches kommendes Jahr die Hochschule, die bis jetzt in Bässastadt ihren Sitz hat, hierher versetzt wird; – dieß hat ein Stockwerk. Das Haus des Stiftsamtmanns ist von Stein gebaut. Es war ursprünglich zum Gefängniß bestimmt, allein da es in Island so selten Verbrecher gibt, so ist es nun seit vielen Jahren zur Wohnung dieses königlichen Beamten umgestaltet.

Ein zweites Steinhaus, das man von Reikjavik aus sieht, liegt zu Laugarnes – eine halbe Meile von dem Städtchen entfernt – nahe am Meere, ist von Wiesen umgeben und der

Sitz des Bischofes.

Die Kirche kann höchstens 100 bis 150 Personen fassen; sie ist von Stein gebaut, und mit einem hölzernen Dache versehen, unter welchem die Bibliothek aufbewahrt wird, die aus mehreren tausend Bänden besteht. – Diese Kirche besitzt einen Schatz, um den sie gewiß viele andere, größere und reichere beneiden würden: einen Taufstein, – eine Arbeit Thorwaldson's, dessen Eltern aus Island stammten. – Er selbst war in Dänemark geboren, und schien durch dieß Geschenk das Land seiner Voreltern ehren zu wollen.

An manche Häuser Reikjavik's schließt sich ein Stückchen Garten. Darunter versteht man ein durch unendliche Mühe und mit großen Kosten geschaffenes Plätzchen, worauf Salat, Spinat, Petersilie, Kartoffeln und einige Rübengattungen fortkommen. Die Beetchen sind durch fußbreite Graswege geschieden, auf welchen höchstens einige Wiesenblumen wachsen.

Was die Bewohner Islands betrifft, so sind sie von ziemlich kräftigem, mittelgroßem Schlage. Sie haben blondes, oft in's Röthliche spielendes Haar und blaue Augen. Die Männer sind meist häßlich, die Weiber weniger, ja, unter den Mädchen findet man manchmal sogar recht liebliche Gesichtchen. Ein Alter von siebenzig bis achtzig Jahren soll zu den Seltenheiten gehören.

Die Bauern haben viele Kinder und dennoch wenige; – es werden viele geboren, aber die wenigsten erreichen das erste Lebensjahr. Die Mütter säugen sie nicht, und ziehen sie bei äußerst schlechter Nahrung auf. Die, welche das erste Jahr überleben, sehen dann kräftig aus; nur haben sie gar sonderbar rothgefärbte Backen, als bekämen sie einen Ausschlag. Ob dieß von der scharfen Luft, an die die zarten Gesichter noch nicht gewöhnt sind, oder von der Nahrung herrührt, – – weiß ich nicht.

An manchen Küstenorten, wenn die armen Fischer im Winter, der fürchterlichen Stürme wegen, wochenlang die See nicht befahren können, leben sie beinahe ausschließend von getrockneten Fischköpfen; die Fische selbst haben sie eingesalzen und verkauft, und mit dem gelösten Gelde theils ihre Steuern und Abgaben berichtiget, theils ihre Schulden bezahlt für bereits erhaltene Bedürfnisse, unter denen leider Brandwein und Schnupftabak nur zu bedeutende Rollen spielen.

Eine zweite Ursache der sich nicht vermehrenden Volkszahl sollen die vielen Unglücksfälle sein, welche sich in den stürmischen Jahreszeiten beim Fischfange ereignen. – Mit Gesang und Freude ziehen sie hinaus, – ein schöner Himmel, ein ruhiges Wetter verkünden ihnen Glück! – Doch wehe! – Sturm und Schneegestöber überfällt die Armen, die ruhige See wird aufgewühlt, – mächtige Wogen steigen empor und reißen Fischer und Kahn mit sich in die unergründliche Tiefe. Spurlos gehen sie verloren. – Selten bemannt ein Vater mit seinen Söhnen ein und dasselbe Boot. Sie vertheilen sich auf mehreren, damit wenn Eines versinkt, nicht die ganze Familie damit zu Grunde gehe.

Die Bauernwohnungen um Reikjavik fand ich zum Theil noch kleiner und schlechter als jene zu Havenfiord. Dieß mag aber wohl nur Folge ihrer Trägheit sein; denn an Steinen fehlt es nirgends und Baumeister ist jeder selbst. Die Kühe und Schafe überwintern in einem elenden Loche, das in der Kothe selbst oder nahe daran gebaut ist. – Die Pferde sind das ganze Jahr unter Gottes freien Himmel gewiesen, und müssen sich ihre Nahrung selbst suchen. Nur selten schaufelt der Bauer von einem kleinen Plätzchen den Schnee weg, um so die armen Thiere leichter auf die Spur des darunter verborgenen Grases oder Mooses zu leiten. Ihren Füßen bleibt es dann überlassen, den Schnee immer weiter wegzuscharren. – Daß sie durch diese Lebensweise ungemein abgehärtet sind, versteht sich wohl von selbst; zu wundern aber ist es, daß sie bei dieser kärglichen Nahrung den Winter überleben, und im späten Frühjahr und Sommer auch kräftig und ausdauernd sind. – Hafer ist ihnen so fremd, daß sie, wenn man ihnen einen vorsetzt, solchen gar nicht berühren; auch das Heu fressen sie nicht gerne.

Da ich zeitlich im Frühjahre nach Island kam, so sah ich die Pferde und Schafe noch in ihrer Winterkleidung. Erstere scheinen gar nicht mit Haaren bewachsen zu sein, sondern haben eine dicke, wollige Decke, während Schweif und Mähne sehr lang, und von unbeschreiblicher Fülle sind. Ende Mai oder Anfangs Juni werden Schweif und Mähne gestutzt und ausgeschnitten; die Winterwolle verlieren sie von selbst und sehen dann so ziemlich glatt aus. – Auch die Schafe haben im Winter einen sehr reichlichen Pelz. Sie werden nicht geschoren, sondern man zieht ihnen Anfangs Juni die Wolle stückweise mit den Händen vom Körper. Dieß gibt oft einen komischen Anblick, wenn nämlich das Schaf auf einer Seite schon ganz nackt ist, während es auf der andern noch die Wolle trägt.

Pferde und Kühe sind bedeutend kleiner als die unsrigen. Man brauchte jedoch nicht so weit zu reisen, um solch verzwergtes Vieh zu sehen. Schon in unserm Galizien sind die Pferde und die Kühe der Bauern um kein Haar größer oder stärker, wie jene der Isländer. Die Kühe der Letzteren zeichnen sich höchstens noch durch ihre ganz kleinen Hörner aus. – Die Schafe sind auch etwas kleiner als die unsrigen.

Jeder Bauer hält sich Pferde. Der Unterhalt ist höchst einfach, die Entfernungen sind groß, die Wege schlecht, und sehr oft bedeutende Flüsse, Moore oder Sümpfe zu passiren; da reitet denn auch Alles, Männer, Weiber und Kinder. Auf dieser Insel kennt man den Gebrauch eines Wagens eben so wenig als in Syrien.

Die allernächste Umgebung Reikjavik's sieht so ziemlich freundlich aus. Einige der Städter verwenden viele Mühe und Kosten darauf, die Steine in der Nähe ihrer Häuser theils zu sammeln, theils zu sprengen, und vermischen das Bischen Erdreich so lange mit Dünger, Torf und Asche, bis endlich doch etwas brauchbarer Grund daraus entsteht. Dieß ist aber ein solch riesiges Unternehmen, daß man sich durchaus nicht wundern darf, an derlei, von der Natur gänzlich vernachlässigten Stellen, nur äußerst wenig Cultur zu finden. – Herr Bernhöft führte mich auf eine kleine Wiese, deren Grund er auf zwanzig Jahre um den jährlichen Pachtzins von 30 kr. gemiethet. Um aber diesen Grund in die jetzige Wiese, die ihm nun das Winter-Futter für eine Kuh gibt, umzuwandeln, mußte er mehr als 150 fl. und nebst dem noch eigene Müh und Arbeit darauf verwenden. – Auch ist der Arbeitslohn für Bauersleute im Verhältnisse zu ihren wenigen Bedürfnissen sehr hoch gestellt; er beträgt für den Tag 30 auch 40 kr., ja in der Zeit der Heuernte sogar 1 fl.

Der Boden, weit und breit um das Städtchen, besteht aus Stein, Torf und Sümpfen. – Die letzteren sind meist mit hundert und hundert kleinern und größeren festen Erhöhungen durchzogen, und man kann daher leicht, von einer auf die andere springend, den ganzen Sumpf überschreiten, ohne die geringste Gefahr zu laufen, ja ohne nur einen nassen Fuß zu bekommen.

Trotz dem hätte mich auf einer meiner einsamen Wanderungen eine solche Stelle bald in nicht geringe Verlegenheit gesetzt. – Ich spazierte nämlich ganz gemächlich umher, da flog plötzlich ein kleiner Schmetterling vor mir auf. Es war der erste, den ich in diesem Lande sah, und meine Begierde ihn zu fangen war daher sehr groß. Ich eilte ihm nach, dachte weder an Sumpf noch Gefahr, und bemerkte in der Hitze des Verfolgens gar nicht, daß diese Erhöhungen immer seltener wurden, und weiter auseinander lagen. – Bald befand ich mich in der Mitte des Sumpfes und konnte weder vor- noch rückwärts. – Weit und breit sah ich keinen Menschen, selbst die Thiere waren entfernt von mir, woraus ich auf die Gefahr des Sumpfes schließen konnte. Nun blieb mir nichts anderes übrig, als eine Gegend in das Auge zu fassen, und tapfer darnach zu schreiten. Ich mußte oft zwei, drei Schritte im Sumpfe wagen um wieder auf eine Erhöhung zu gelangen, auf der ich dann triumphirend stehen blieb, und überlegte, wie die nächste zu erobern sei. – So lange ich noch Spuren eines Pferdehufes entdeckte, ward mir nicht bange; doch auch diese verloren sich und ich stand nun da, verlassen – im Sumpfe. – Auf meiner eroberten Warte konnte ich nicht ewig verweilen, und so blieb mir nichts übrig, als mich in den Sumpf zu wagen. Ich muß gestehen, daß ich mich Anfangs, wenn der Fuß so schnell in die Tiefe sank, der Furcht nicht erwehren konnte. Bald aber, als ich merkte, daß es nicht tiefer als bis über die Knöchel ging, kehrte mein Muth wieder zurück; ich schritt tapfer fort, und kam glücklich mit dem bloßen Schrecken und sehr durchnäßten Füßen durch.

Die beschwerlichsten Anstellungen in diesem Lande sind jene der Aerzte und der Geistlichen. Ihr Bezirk ist sehr ausgedehnt, besonders jener der Aerzte. Diese haben oft von einem Ende zum andern, 20 bis 30 deutsche Meilen zu machen. Hiezu denke man sich die schreckliche Winterjahreszeit, die bei 7 bis 8 Monate währt, und man wird kaum begreifen, daß es möglich ist, Leute zu diesem Amte zu finden.

Im Winter kommen die Bauern häufig mit Schaufeln, Hacken und einigen Pferden und holen den Arzt. Sie schreiten ihm dann voraus, und bahnen die unwegsamsten Stellen, während er abwechselnd bald das eine, bald das andere Pferd reiten muß, damit auch sie nicht der Last erliegen. Und so geht es fort viele, viele Meilen, bei Nacht und Nebel, bei Sturm und Schneegestöber, denn von seiner Eile hängt ja oft Leben und Tod ab. – Kehrt er dann, oft ganz erschöpft und erstarrt, in den Schooß der Seinigen zurück, und gedenkt sich zu erholen und zu stärken, und sich mit ihnen über die so eben überstandenen Gefahren und Beschwerden zu freuen, – – ach da warten seiner schon wieder neue, wichtige Gänge und Fahrten, so daß er kaum Zeit findet seine Lieben zu grüßen; – er muß abermal fort.

Manchmal holt man ihn zur See, wo die Gefahr auf dem oft sturmbewegten Elemente noch größer ist.

Der Gehalt der Aerzte ist ihren Mühen durchaus nicht angemessen, aber doch noch bei weitem besser, als jener der Priester.

Die ärmsten Pfründen betragen jährlich 6-8 fl., die reichsten 200 fl. Außerdem erhalten sie von der Regierung ein Häuschen, oft nicht viel besser als die Kothe eines Bauers, einige Wiesengründe und etwas Vieh. – Auch ist der Bauer verpflichtet ihnen kleine Gaben, als Heu, Schafwolle, Fische u. s. w. zu liefern. Die meisten Priester sind so arm, daß sie sammt ihrer Familie ebenso gekleidet gehen, wie die Bauern, von denen man sie auch kaum auseinander kennt. – Die Frau sieht dem Viehe nach und melkt Kühe und Schafe, trotz einer Magd, während der Priester auf die Wiese geht, und mit seinem Knechte das Gras abmäht. – Sein ganzer Umgang ist natürlich auch nur auf den Bauer beschränkt, und darin besteht das patriarchalische Leben, das so mancher Reisende entzückend findet und schildert; – ich möchte wissen, ob er es zu führen wünschte?

Ueberdieß hat so ein armer Priester oft noch zwei bis vier

Districte zu versehen, die 1 bis 3 Meilen von seinem Wohnsitze entfernt sind. Er muß jeden Sonntag abwechselnd an dem einen oder dem andern Orte den Gottesdienst verrichten, so zwar, daß der Gottesdienst nur alle 3-4 Wochen an einer und derselben Stelle abgehalten wird. – Jedoch darf es der Priester mit seinen Reisen nicht so genau nehmen wie der Arzt, denn ist das Wetter an Sonntagen, besonders im Winter gar zu schlecht, so unterläßt er es die entlegenen Orte zu besuchen. Er würde ohnehin nur für einige Bauern predigen, da die Entfernteren sich ebenfalls nicht einfänden.

Am besten steht der Sysselmann – bei uns so viel als Kreishauptmann. – Der hat einen guten Gehalt und nicht viel zu thun, und an manchen Orten auch das Strandrecht, welches durch das angeschwemmte Holz, das von dem amerikanischen Festlande kömmt, nicht unbedeutend wird.

Fischfang und Jagd sind frei, nur der Lachsfang in den Flüssen ist königlich und wird verpachtet. – Eidergänse dürfen nicht geschossen werden; es ist darauf eine Geldstrafe gesetzt. – Militärpflichtigkeit ist keine. Auf der ganzen Insel bedarf man keines Soldaten, selbst in Reikjavik sind nur zwei Polizeidiener vorhanden.

Der Handel ist ebenfalls frei; – doch besitzen die Isländer so wenig Spekulationsgeist, daß, wenn sie auch die Geldmittel dazu besäßen, sie sich doch nie in solche Spekulationen einlassen würden.

Der ganze Handel liegt also in den Händen dänischer Kaufleute, die alljährlich ihre Schiffe nach Island schicken, und in den verschiedenen Häfen Faktoreien errichtet haben, durch welche der Kleinabsatz geschieht.

Diese Schiffe bringen den Isländern Alles: Getreide, Holz,

Weine, Colonial- und Manufactur-Waaren u. s. w. Die Einfuhr ist frei. Es würde sich der Regierung nicht lohnen, für den kleinen Bedarf dieser Insel Zölle zu errichten und Beamte zu erhalten. Colonial-Artikel, Weine u. s. w. sind daher auch bedeutend wohlfeiler als in andern Ländern.

Die Gegenfracht besteht in Fischen – besonders Stockfischen – in Fischrogen, Talg, Thran, Eiderdunen, oder andern Vogelfedern, die den Eiderdunen an Güte sehr nahe kommen, in Schafwolle und eingesalzenem oder geräuchertem Lammfleische. – Sonst haben sie aber auch durchaus nichts; denn als Herr Knudson vor dreizehn Jahren ein Backhaus errichtete,[5] mußte er nicht nur den Baumeister, sondern sogar alle Baumaterialien, als Steine, Kalk u. s. w. von Kopenhagen bringen lassen, denn obwohl die ganze Insel mit Steinmassen und Gerölle überdeckt ist, finden sich doch darunter weder solche Steine, aus denen man einen Backofen erbauen könnte noch solche, aus denen sich Kalk brennen ließe. – Alles ist Lava.

Wenn zwei bis drei Kothen beisammen stehen, so nennt man das schon einen Ort. Diese Orte, so wie auch einzelne Kothen, liegen meist auf kleinen Anhöhen, welche von Wiesen umgeben sind. Die Wiesen werden häufig von einer zwei bis drei Fuß hohen Stein- oder Erdwand umschlossen, um sie gegen das Weiden der Kühe, Pferde und Schafe zu schützen. Das Gras von diesen Wiesen wird zu Heu gemacht, und für die Kühe auf den Winter gespart.

Ueber die Kälte im Winter klagen die Leute nicht sehr; sie soll selten 20 Grade erreichen, und die See soll oft kaum einige Fuß breit an der Küste gefroren sein. Dagegen sollen aber die Stürme und das Schneegestöber oft so heftig und furchtbar sein, daß man kaum vor die Thüre des Hauses treten kann. – Die Tageshelle währt kaum 5 bis 6 Stunden, und die armen Isländer werden nur mit dem Nordlichte entschädiget, das sich hier aber auch ungemein ausbreiten, und die Nächte wunderbar erleuchten soll.

Der dießjährige Sommer war einer der schönsten, den man seit Jahren erlebt hatte. Der Thermometer wies im Monat Juni um die Mittagsstunde mehrmalen auf 20 Grade Hitze. Die Einwohner fanden diese Hitze so unerträglich, daß sie behaupteten, während des Tages weder arbeiten, noch größere Botengänge verrichten zu können. Das Heumachen fingen sie an solchen Tagen erst des Abends an, wo sie dann die halbe Nacht hindurch arbeiteten.

Sehr bedeutend ist der Wechsel der Witterung. So hatten wir den einen Tag 20 Grad Wärme, den folgenden fiel Regen ein, und der Thermometer sank auf 5 Grade. Am 5. Juni hatten wir noch des Morgens um 8 Uhr sogar einen Grad Kälte. – Merkwürdig ist es, daß die Donnerwetter in Island im Winter erscheinen; – im Sommer soll es keine geben.

Vom 16. oder 18. bis Ende Juni ist es fortwährend Tag. Da scheint die Sonne gerade nur auf kurze Zeit hinter einen Berg zu treten, und bildet zu gleicher Zeit Abend- und Morgenröthe. Auf einer Seite erbleicht der letzte Strahl, um auf der andern Seite mit frischem Feuer wieder hervorzubrechen.

Ich war vom 15. Mai bis 29. Juli in Island, ging nie vor eilf Uhr zu Bette, und hatte nie ein Kerzenlicht nöthig. – Im Mai, eben so auch wieder in der letzten Hälfte des Monats Juli dämmerte es ungefähr 1 bis 2 Stunden, – finster aber wurde es nie. Ja selbst in den letzten Tagen meines hiesigen Aufenthaltes konnte ich bis halb eilf Uhr lesen. Anfangs kam es mir ganz sonderbar vor, bei hellem Tage zu Bette zu gehen. Ich gewöhnte mich jedoch recht gut daran, und bald war, wenn es gegen eilf Uhr ging, kein Sonnenlicht mehr kräftig genug, mich um den Schlaf zu betrügen. – Am meisten ergötzte es mich, Abends, so nach zehn Uhr, nicht bei schwachem Mondesschimmer, nein – bei vollem Sonnenschein spazieren zu gehen.

Viel schwerer als an die Sonne, war es mir mich an die Kost zu gewöhnen. – Die Frau des Bäckers verstand zwar die Küche, nach isländisch und dänischer Art, sehr gut zu führen; aber leider ist eben diese ganz anders, als die unsrige. Nur eines war gut, der Morgen-Kaffee mit Rahm[6] (Schmetten); an dem hätte selbst der feinste Gutschmecker nichts auszusetzen gefunden; ich habe aber auch seit meiner Abreise von Island keinen solchen Kaffee mehr getrunken. – Da hätte ich meine lieben Wienerinen herbei gewünscht. – Der Rahm war so dick, daß ich das erste Mal meinte, man habe mich falsch verstanden, und mir sauren gebracht. Die Butter, welche aus der isländischen Kuh- oder Schafmilch erzeugt wird, sieht eben nicht sehr einladend aus; sie ist weiß wie Schweineschmalz, – der Geschmack ist jedoch gut und süß. Die gemeinen Isländer finden ihn aber zu wenig pikant, und vermengen daher die Butter gewöhnlich mit Thran. Ueberhaupt spielt der Thran in der isländischen Küche eine große Rolle; der isländische Bauer hält ihn für den kostbarsten Artikel und ist im Stande, ganze Stücke davon ohne Brod oder sonstigen Imbiß zu verzehren.

Die Mittagstafel mundete mir durchaus nicht; Sie bot zwei Gerichte, das erste bestand aus abgekochtem Klippfisch, Dorsch oder Flachfisch, – dazu kam Essig, und statt des Oeles zerlassene Butter, – das zweite aus abgekochten Kartoffeln. Leider bin ich keine Freundin von Fischen, und nun waren diese meine tägliche Kost. – Ach! wie seufzte ich nach einer Rindsuppe, nach einem Stückchen Fleisch, nach Gemüse; – vergebens! So lange ich in Island war, mußte ich meiner vaterländischen Kost ganz und gar entsagen.

Und mit den abgekochten Fischen und Kartoffeln ging es mit der Zeit doch noch so ziemlich gut, – wenn nur nicht die Leckergerichte gekommen wären! – Arme Frau Bernhöft, – sie meinte es stets so gut mit mir, – und es ist ja nicht ihre Schuld, daß in Island anders gekocht wird, als bei uns – – aber den Leckergerichten konnte ich durchaus keinen Geschmack abgewinnen. – Sie waren verschieden. Die einen bestanden aus einem Gehacke von Fischen, harten Eiern und Kartoffeln, über welches eine braune, dicke Brühe gegossen wurde, die zu gleicher Zeit gepfeffert, gezuckert und gesäuert war, – oder aus Kartoffeln, in Butter und Zucker geröstet, – oder aus fein gehacktem Kohl, der durch Wasser sehr verdünnt und mit Zucker gewürzt wurde, dazu kam ein Stück geräuchertes Lammfleisch, das einen höchst unangenehmen böcklichen Geruch hatte.

An einem Sonntage bekamen wir manchmal rothe Grütze, welches eigentlich ein skandinavisches Gericht ist, und aus feinerm Sago besteht, der in rothem Wein oder saurem Johannisbeerensaft zu einem Gelée (Gallert) gekocht wird. Dazu wird dann süßer Rahm und Zucker servirt. Auch eine Gattung Topfen (weicher Käs) wurde manchmal mit Rahm und Zucker gegeben.

In den Monaten Juni und Juli änderte sich das Ding ein wenig zu meinem Vortheile. Da bekamen wir häufig trefflichen Lachs, manchmal gebratenes Lammfleisch und mitunter auch Vögel, worunter die Moosschnepfen besonders gut waren. – Des Abends kam Butter, Käse, kalter Fisch, geräuchertes Lammfleisch oder Eier von den Eidergänsen, die etwas minder zart schmeckten als die Hühnereier, – und an diese Kost ward ich mit der Zeit auch so gewöhnt, daß mir weder Suppe noch Rindfleisch abging, und ich mich vollkommen wohl dabei befand.

Mein Getränk bestand aus gutem frischem Wasser; die Männer tranken am Eingange der Mahlzeit ein Gläschen Brandwein, Alle aber während der Mahlzeit Bier, das Herr Bernhöft selbst braute, und sehr gut schmeckte. – An Sonntagen verirrte sich sogar manchmal eine Flasche Bordeaux oder Portwein an unsere Tafel. – Und so wie im Hause des Herrn Bernhöft gelebt wurde, lebt man auch in jenen der Kaufleute und der Beamten.

Ich war in Reikjavik auch Zeuge einer großen Kirchenfeierlichkeit. Es wurden drei Candidaten zur Priesterwürde erhoben. – Obwohl hier Alles lutherisch ist, so glaube ich doch, daß der Ritus hin und wieder von jenem des europäischen Festlandes abweichen mag, und ich will daher die nähern Umstände erzählen. Die Feierlichkeit begann um zwölf Uhr Mittags, und endete erst um vier Uhr. Vor Allem fiel mir auf, daß sich die Leute beim Eintritt in die Kirche, so wie auch beim Austritt aus derselben, auf einen Augenblick das Gesicht bedeckten, und zwar die Männer mit den Hüten, die Frauen mit den Taschentüchern. In der

Kirche saßen die meisten mit dem Gesichte gegen den Altar gewendet, manche aber auch umgekehrt. Die Priester waren so gekleidet wie die unsrigen, und es schien eine Art Messe zu beginnen, die sammt dem ersten Evangelium ziemlich mit der unsrigen verglichen werden konnte. – Nun aber ward alles anders. Da trat bald der Bischof mit den Geistlichen an den Altar, und verrichtete daselbst Ceremonien, bald stieg der Eine auf die Kanzel und las ein Stück Predigt oder sang einen Psalm, während die Andern sich auf Stühle setzten und zuzuhören schienen, bald stieg wieder ein zweiter oder dritter auf die Kanzel, oder es wurden abermal am Altare Predigten gehalten und Psalmen gesungen, oder auch zu gleicher Zeit auf der Kanzel Predigten abgelesen und am Altare Ceremonien verrichtet. Die Meßkleider wurden bald umgenommen, und bald abgelegt, und sehr oft hieß es Amen; doch begann die Geschichte immer wieder von Neuem, und währte, wie gesagt, bis vier Uhr. – Diese unendliche Abwechslung fiel mir um so mehr auf, da gewöhnlich bei den Lutheranern die Kirchen-Ceremonien höchst einfach und einförmig sind.

Ich fand bei dieser Feierlichkeit ziemlich viel Landvolk versammelt, und hatte daher die beste Gelegenheit ihre Landestracht zu studieren. – Die Weiber und Mädchen sind ganz in schwarzem groben Wollzeuge gekleidet. Der Anzug selbst besteht aus einem langen Rocke, einem Spenser und einer gefärbten Schürze. Der Kopf ist mit einer schwarzwollenen Männerschlafhaube bedeckt, die in einer umgestülpten Spitze endigt, an welcher eine lange Quaste von Seide oder Wolle hängt, die bis an die Schulter hinab fällt. Dieser einfache Kopfputz steht recht gut, da Alt und Jung eine Fülle von Haaren hat, die malerisch um Kopf und Hals und Nacken fällt. Sie tragen das Haar ungebunden, und nicht länger als bis an die Schulter, – bei Manchen ist es auch etwas weniges gelockt. – Unwillkührlich fielen mir die poetischen Schilderungen der Dichter ein, wenn sie begeistert von den goldgelockten Engelsköpfchen ihrer Ideale schwärmten. – Ja, die Haare sieht man hier wohl auf solche Weise tragen, und von Skalden mögen auch unsere Dichter jene Schilderungen entlehnt haben. – Was aber die schönen Gesichtchen betrifft, die da heraus lächeln und schmachten, die blieben ein ungeschmälertes Verdienst ihrer Fantasie.

Putz sieht man sehr wenig. Unter der ganzen Versammlung bemerkte ich nur vier Weiber oder Mädchen, die etwas geschmückter waren, als die andern. – Bei diesen waren die Leisten des Spensers und der Gürtel mit einer zwei Zoll breiten in Silber gestickten Guirlande geziert, der Rock war von feinem schwarzen Tuche, und unten mit einer färbigen, handbreiten, seidenen Borte besetzt. Um den Hals hatten sie eine Art steifer, handbreiter Krägen, von schwarzem Sammt, mit einer Guirlande in Silber gestickt, und auf dem Kopfe trugen sie, nebst einem umgebundenen schwarzseidenen Tüchelchen, noch einen ganz sonderbaren Aufsatz. Dieser Aufsatz bestand in einem Halbbogen, der am Hinterkopfe befestigt war, und 5-6 Zoll hoch frei über der Stirne schwebte. Er war mit weißem Perkail in gelegten Falten überzogen. Seine Breite mag rückwärts 1½ Zoll betragen, gegen vorne erweitert er sich aber auf 5-6 Zoll.

Die Männer fand ich beinah so gekleidet wie unsere Bauern. Sie trugen dunkle Tuchhosen, Spenser und Westen, einen Filzhut oder eine Pelzkappe, und nur statt der Stiefel ein Stück Schaf- Kuh- oder Seehundsfell, in Form von Schuhen, mittelst eines Riemens um den Fuß befestigt. – Diese Art Fußbekleidung tragen auch die Weiber, ja sogar die Kinder der Kaufleute und Beamten.

Gar so ärmlich und abgerissen gekleidete Leute, wie man deren nur zu viele in großen Städten findet, sah ich hier nur höchst selten, – – ohne Schuhe und gute warme Strümpfe, gar Niemanden.

Die bessern Stände – Kaufleute, Beamte u. dgl. sind französisch, und zwar ziemlich nach der Mode gekleidet. Es fehlt da weder an Seiden- noch an andern Stoffen. Manches wird von England, das meiste von Dänemark herüber gebracht.

Am Geburtstage des Königs, der alljährlich beim Stiftsamtmanne gefeiert wird, soll es recht pomphaft zugehen; da erscheinen die Frauen in Seide, die Mädchen in weißen Linnen, – die Beleuchtung besteht aus Milli-Kerzen.

Ein speculativer Kopf hat auch eine Art Clubb errichtet. Er hält nämlich ein oder zwei Zimmer, wo sich die Städter des Abends versammeln und Theewasser, Butterbrod, auch eine Flasche Wein oder eine Bowle Punsch erhalten können. Im Winter veranstaltet er in diesem Locale sogar Bälle, die Eintrittskarte á 20 kr. Da versammeln sich die Honoratioren und Handwerksleute, kurz: Alles, was nur irgend Lust hat. Da soll es ganz republikanisch zugehen. Der Schuster führt die Gattin des Stiftsamtmannes zum Tanze, und der Stiftsamtmann dagegen die Frau oder Tochter des Schusters oder des Bäckers u. s. w. Die Credenz besteht in Theewasser und Butterbrod, und die Beleuchtung in Talglichtern. Das Gräßlichste soll aber die Musik sein, eine Art Violine mit drei Saiten und eine Pfeife.

Im Sommer machen die Honoratioren häufige Reitpartieen, bei welchen es aber durchaus nicht an Lebensmitteln aller Art fehlen darf. Meistens steuern Alle zusammen; die Einen geben die Weine, die Andern Kuchen, die Dritten Kaffee u. s. w. Die Damen reiten auf schönen englischen Sätteln, sie tragen hübsche Reitkleider und recht nette Männer-Filzhütchen mit grünen Schleiern. – Doch finden natürlich alle diese Unterhaltungen nur in Reikjavik statt, denn außer diesem Städtchen gibt es, wie schon gesagt, in ganz Island keinen einzigen Ort, der aus mehr als höchstens 2-3 Kaufläden, und 5-6 Kothen bestände.

In Reikjavik fand ich zu meinem größten Erstaunen in den verschiedenen Familien sechs Quer-Fortepianos, und hörte Walzer von unserm beliebtesten Compositeur, auch Variationen von Herz und Einiges von Lißt, Wilmers und Thalberg, – aber wie gespielt?! Ich glaube kaum, daß diese Herren ihre Compositionen erkannt haben würden.

Schließlich muß ich noch Einiges über das Reisen in diesem Lande bemerken.

Die beste Zeit hiezu ist vom halben Juni bis höchstens Ende August. Früher sind die Ströme durch das viele Schneewasser zu sehr angeschwollen und reißend, und daher sehr gefährlich sie zu durchreiten. Auch manches Schneefeld, das die Sonne noch nicht ganz vertilgte, und Schluchten und Lava-Massen deckt, muß der Reisende überschreiten. Da ist nun die Gefahr nicht minder groß. Man sinkt beinahe bei jedem Tritte ein, und muß noch Gott danken, wenn nicht die ganze, bereits mürbe Decke einbricht. – Im Monat September fangen oft schon die heftigen Stürme und Regen an, und auch Schneegestöber ist da täglich zu gewärtigen.

Ein Zelt, Lebensmittel, Kochgeschirr, Polster, Decken und warme Kleider sind höchst nothwendig. – Mir würde dieß zu viel Unkosten verursacht haben; ich hatte nichts dergleichen bei mir, – war daher auch den schrecklichsten Entbehrungen und Mühen ausgesetzt, und mußte oft die angestrengtesten Ritte machen, um ein Kirchlein, oder eine Kothe zur Nachtherberge zu erreichen. Acht bis zehn Tage lebte ich oft nur von Käse und Brod, und die Nächte brachte ich meist auf Kisten oder Bänken zu, wo ich oft vor Kälte kein Auge schließen konnte.

Gegen den Regen, der hier gar häufig fällt, ist es am besten sich mit einem Regenmantel und einem glanzledernen Matrosenhute zu versehen. Ein Regenschirm ist ganz unnütz, denn gewöhnlich ist der Regen von Sturm, oder wenigstens von einem starken Winde begleitet; – dazu an manchen Stellen das schnelle Reiten, und man kann sich wohl vorstellen, daß da von einem Offenhalten des Schirmes gar nie die Rede sein kann.

Ich fand überhaupt das Reisen in diesem Lande viel beschwerlicher als im Oriente. Mir wenigstens waren die schrecklichen Stürme und Winde, die scharfe Luft, der häufige Regen und die Kälte bei weitem unerträglicher, als die orientalische Hitze. Von dieser bekam ich weder je aufgesprungene Lippen, noch Schuppen auf der Haut des Gesichtes. – Hier bluteten mir schon am fünften Tage die Lippen, und im Gesichte bekam ich später Schuppen, wie wenn ich den Rothlauf gehabt hätte. Eine sehr unangenehme Sache ist ferner das Reiten mit den langen Frauenkleidern, denn man muß stets warm angezogen sein, und da schlagen sich die schweren, oft noch vom Regen triefenden Kleider derart um die Füße, daß man beim Auf- und Absteigen vom Pferde im höchsten Grade unbeholfen ist. Das Schrecklichste aber ist, während der Regenzeit auf einer Wiese die Ruhestunde halten zu müssen. Die langen Kleider saugen da auch noch das Wasser vom nassen Grase auf, und man hat dann wirklich oft nicht einen einzigen trocknen Faden mehr an sich.

Kälte und Wärme scheinen in diesem Lande einen ganz besondern Eindruck auf den Fremden zu machen. Die Kälte kam mir empfindlicher, die Hitze drückender vor, als ich beide bei demselben Stande des Thermometers in meinem Vaterlande fühlte.

Die Wege sind im Sommer über alle Verwunderung gut;

man kann größtentheils scharf reiten. Zu befahren sind sie jedoch nicht, theils sind sie zu schmal, theils trifft man auch auf einzelne sehr schlechte Stellen. Es gibt daher auf der ganzen Insel keinen Wagen.

Gefährlich ist der Weg nur, wenn er durch Sümpfe und Moor, oder über Lavafelder führt. – Von letzteren hat man besonders jene zu fürchten, die mit weißem Moose überdeckt sind. Unter diesen gibt es oft recht abscheuliche Löcher, in welche das Pferd nur zu leicht mit dem Fuße gerathen kann. – Auch an den Höhen hinauf und hinunter gibt es viele fürchterliche Stellen. In Sümpfen und Mooren verliert sich die Bahn des Weges oft so, daß auch nicht die geringste Spur davon zu entdecken ist, und es mir stets wunderbar vorkam, wie mein Führer wieder richtig auf den sichtbaren Pfad gelangte. – Man möchte beinahe glauben, daß auf solch gefährlichen Bahnen, Führer und Pferd durch den Instinkt geleitet werden.

Das Reisen in Island kömmt theurer als irgendwo, besonders wenn man allein ist, und die Kosten des Gepäckes, Führers, der Ueberfahrten u. s. w. ungetheilt zahlen muß. – Pferde werden nicht ausgeliehen; man muß sie kaufen, bekommt sie jedoch sehr wohlfeil; ein Packpferd um 18 bis 24 fl., ein Reitpferd um 40 bis 50 fl. Will man aber einige Bequemlichkeiten haben, so benöthiget man gleich mehrere Packpferde; denn man kann ihnen nicht viel aufbürden, und braucht dazu auch wieder einen Knecht mehr, da der Führer nur die Reitpferde und höchstens 1 bis 2 Packpferde besorgt. – Kehrt man dann von der Reise zurück, und sucht die Thiere wieder zu verkaufen, so wird Einem ein so niederträchtiger Preis dafür geboten, daß es gleich so gut ist, sie zu verschenken. Dieß beweist neuerdings, daß der Mensch überall seinen Vortheil zu benützen versteht. Die Leute wissen, daß man die Pferde auf jeden Fall zurück lassen muß, und daher bieten sie nichts.

Ich muß gestehen, daß ich den Charakter des Isländers bei jeder Gelegenheit tief unter meiner Erwartung fand, und noch tiefer unter den Schilderungen, die ich in Büchern gelesen hatte.

Die isländischen Pferde halten trotz dem, daß sie auf die kärglichste Nahrung angewiesen sind, zum Verwundern viel aus. – Man kann mehrere Tage hindurch, jeden Tag acht bis zehn Meilen zurücklegen; nur kostet es stets Mühe, das Pferd im gehörigen Gange zu erhalten. Der Isländer stößt nämlich das arme Thier beständig mit den Füßen in die Seite, und daran ist es so gewöhnt, daß es beinahe nicht geht, wenn man dieß unterläßt. – An schlechten Stellen muß man den Zügel stets scharf anhalten, um das häufige Stolpern zu vermeiden, – zwei Sachen die sehr ermüden.

Viel gibt es wahrlich zu überlegen, wenn man eine Reise in den hohen Norden unternehmen will; – doch mich schreckte nichts, – und selbst unter den größten Gefahren und Leiden bereute ich mein Unternehmen nicht einen Augenblick, und wäre um keinen Preis davon abgestanden.

Ich machte nach allen Gegenden Islands Ausflüge, und bin dadurch in den Stand gesetzt, die bedeutendsten Merkwürdigkeiten dieses interessanten Landes der Reihe nach meinen Lesern vorzuführen. Ich beginne gleich mit den nächsten Umgebungen Reikjaviks.

Kleine Ausflüge nach Vatne, der Insel Vidöe und nach Lachselv zum Lachsfange.

Cavalcade nach Vatne.

(2 Meilen von Reikjavik.)

25. Mai.

Stiftsamtmann v. H. war so gütig mir einen Besuch zu machen, und mich für heute Nachmittag zu einer Reit-Partie nach dem großen See Vatne einzuladen. – Mit Vergnügen nahm ich die Einladung an; denn nach den Aeußerungen des Stiftsamtmannes dachte ich ein wahres Eden zu sehen, dabei die Erholungen der hiesigen höhern Stände kennen zu lernen, und meine Sammlung an Pflanzen, Schmetterlingen und Käfern bedeutend bereichern zu können. Auch mit den Eigenschaften der isländischen Pferde hoffte ich hier vertrauter zu werden, als auf meiner ersten Tour von Havenfiord hierher, denn damals mußte ich, meiner alten Begleiterin wegen, immer im Schritte reiten.

Die Stunde des Ausfluges war für zwei Uhr festgesetzt. – Ich, die Pünktlichkeit selbst, war schon lange vorher bereit, und wollte zur bestimmten Stunde an den Versammlungsort eilen; da sagte mir meine Hausfrau, es sei noch lange Zeit, denn Herr v. H. sitze noch beim Speisen. – Kurz: aus zwei Uhr ward es drei Uhr, und auch da saßen wir noch ein Viertelstündchen zu Pferde, bis sich der Zug in Bewegung setzte. – O syrische Eile und Pünktlichkeit! Dich begrüßte ich auch hier, beinah am entgegengesetzten Ende der Welt.

Die Gesellschaft bestand aus dem hier anwesenden Adel, und aus den Honoratioren. – Zu Ersterem gehörten der Stiftsamtmann v. H. sammt Gemahlin, ein Kammerherr H. v. B. der von Kopenhagen herüber gesandt worden war, um dem Althing (politischen Verhandlungen) beizuwohnen, und ein dänischer Baron, der den Kammerherrn begleitet hatte. – Zu den Honoratioren gehörten die Gemahlin des Apothekers, und die Töchter einiger hier ansässigen Kaufleute. – Ein Diener schloß den Zug.

Der Weg führte über Lavafelder, Sümpfe und höchst dürftige Grasstellen, in einem großen öden Thale fort, das von sanften Hügeln durchzogen war. Von drei Seiten war dieß Thal von Bergen umkränzt, die, in mehreren Reihen aufgethürmt, in den mannigfaltigsten Formen in die Lüfte stiegen. Einige Jokuln (Gletscher) erhoben in noch weiterer Ferne ihre Häupter, und sahen mit stolzer Miene auf diese Vorgebirge, und schienen sie zu fragen: »was wollt denn ihr die Aufmerksamkeit auf euch ziehen, wo wir in unserm Silberschmucke prangen?« – – Schön waren die Gletscher noch in dieser Jahreszeit; denn Schnee deckte nicht nur die Höhen, er deckte sie so tief herab, als sie unsern Blicken blosgestellt waren. – Die vierte Seite des Thales war von der See umgeben, die in unendlicher Ferne mit dem Himmel verschwamm. Viele Buchten schnitten in das Land, die dann eben so viele Seen zu bilden schienen.

Der Pfad war gut, so daß wir größtentheils schnell reiten konnten, und höchst selten trafen wir auf kleine Stellen, wo das isländische Pferd seine Geschicklichkeit und seinen Scharfsinn erproben konnte. Mein Pferd war fromm und gut; es trug mich vollkommen sicher über Steingerölle und Felsenrisse; was ich aber durch seinen Trapp litt, ist nicht zu beschreiben. – Man sagt, für Leberkranke sei das Reiten sehr zweckmässig. Es ist möglich, aber auf solch einem Edelpferde, und noch dazu auf einem isländischen Frauensattel durch vier Wochen denselben Ritt zu machen, und ich glaube ganz gewiß, man hätte keine Leber mehr; – sie müßte zu Brei zusammengerüttelt worden sein.

Die ganze Gesellschaft hatte gute englische Sättel, nur der meinige war ein vaterländisches Product. Er war wie ein Stuhl mit einer Lehne; man mußte nach der Quer auf dem Pferde sitzen, und hatte gar keine feste Haltung; nur mit vieler Mühe trottete ich den Andern nach, denn in Galopp war mein Pferd durchaus nicht zu bringen.

Endlich nach ein einer halben Stunde kamen wir in ein Thal. – Da lag in der Mitte einer ziemlich frischen Wiese ein für Island recht ansehnlicher Bauernhof,[7] und unweit davon ein ganz kleiner See. Ich wagte nicht zu fragen, ob dieß der große See Vatne, und ob dieß die herrliche Gegend sei? Man hätte wahrscheinlich meine Frage für Ironie gehalten. – Um so mehr erstaunte ich, als Herr v. H. diese Landschaft für herrlich, den Anblick des Sees für hinreißend erklärte. – Ganz begeistert stimmte ich bei, noch nie eine schönere Gegend, noch nie einen grösseren See gesehen zu haben.

Hier wurde nun Halt gemacht, und bald lagerte sich die Gesellschaft auf die Wiese. Während nun Anstalten zu einem fröhlichen Mahle getroffen wurden, begann ich meine Wißbegierde zu befriedigen.

Vor Allem fesselte das Bauernhaus meine Aufmerksamkeit. – Ich fand darin eine große und zwei kleine Stuben, eine

Vorrathskammer, und ausgedehnte Stallungen, von welchen man auf den bedeutenden Viehstand des Eigners schließen konnte. Ich erfuhr später, daß dieser fünfzig Schafe, acht Kühe und fünf Pferde besaß, und für einen der wohlhabendsten Besitzer in der ganzen Umgebung gehalten wurde. Die Küche befand sich ganz am Ende des Gebäudes, der Schornstein in derselben schien aber nur ein Schutzmittel gegen Regen und Schnee zu sein, denn der Rauch verbreitete sich in der ganzen Küche, räucherte die aufgehangenen Fische, und stieg nur theilweise und äußerst langsam dem Luftloche zu.

In dem großen Gemache stand eine hölzerne Bücherstelle, die bei vierzig Bücher enthielt. Ich blätterte sie durch, und brachte, trotz meiner geringen Kenntniß der dänischen Sprache, doch so viel heraus, daß sie größtentheils religiösen Inhaltes waren. – Doch auch Gedichte schien der Bauer zu schätzen; ich las die Namen Kleist, Müller und selbst Homers Odyssee. – Von den isländischen Büchern verstand ich nichts; als ich mich aber nach dem Inhalte derselben erkundigte, sagte man mir, daß sie Alle von religiösen Gegenständen handelten.

Nach dieser Musterung ging ich auf die Wiese, um Blumen und Kräuter zu suchen; von ersteren fand ich in dieser Jahreszeit noch Unbedeutendes, von letzteren etwas mehr, und sogar einigen wilden Klee. – Schmetterlinge oder Käfer sah ich keine, hörte aber zu meiner nicht geringen Verwunderung zwei wilde Bienen summen, und war auch so glücklich eine davon zu erhaschen, die ich mit nach Hause nahm, und in Spiritus setzte.

Nun kehrte ich wieder zu meiner Gesellschaft zurück, die noch immer wohlgemuth auf der Wiese um einen Tisch lagerte, der mittlerweile reichlich mit Butter, Käse, Brod, Kuchen, Lammsbraten, Rosinen, Mandeln, einigen Orangen und Wein besetzt war. – Stühle oder Bänke waren keine vorhanden, denn selbst wohlhabende Bauern besitzen höchstens in ihren Zimmern an Ort und Stelle festgenagelte Bänke; – wir saßen alle auf dem Rasen, und sprachen dem köstlichen Kaffee, der das Mahl eröffnete, tüchtig zu. – Fröhlichkeit und Scherz herrschte dabei in solchem Maße, daß ich unter lebhafte Italiener und nicht unter kalte Nordländer gerathen zu sein dachte. –

Auch Witz mangelte nicht; nur war dießmal ich Unglückliche die Zielscheibe desselben. – Und was war Schuld daran? – Meine alberne Bescheidenheit. Das Gespräch wurde dänisch geführt; – einige Mitglieder der Gesellschaft sprachen zwar deutsch oder französisch, allein ich benützte absichtlich ihre Sprachkenntnisse nicht, um sie ihren heitern Gesprächen nicht zu entziehen. Still und ruhig saß ich in ihrer Mitte, und fand reichlichen Ersatz an ihrer Munterkeit. Doch dieß Benehmen wurde wohl als Albernheit gedeutet, denn bald entnahm ich ihren Reden, daß sie mich mit dem steinernen Gaste aus Mozarts »Don Juan«, verglichen. – Hätten die guten Leute die wahre Ursache meines Schweigens geahndet, würden sie mir gewiß nur Dank dafür gezollt haben.

Während wir bei unserm Mahle sassen, vernahm ich vom Bauernhause her, einen isländischen Gesang. – Er glich in der Ferne dem Gesumme einiger Bienen; in der Nähe klang er eintönig, schleppend und melancholisch.

Als wir uns zum Abschiede anschickten, reichte der Bauer, sein Weib und seine Knechte Jedem von uns die Hand. Dieß ist der übliche Gruß gegen so h o h e Personen, wie wir in unserer Gesellschaft zählten. Der ganz eigenthümliche Gruß besteht in einem recht herzhaften Kusse. –

Zu Hause angekommen fühlte ich die Wirkungen des

starken Kaffee's; ich konnte nicht schlafen, und so hatte ich volle Zeit, genaue Bemerkungen über die Tageslänge und die Dämmerung anzustellen. – Bis eilf Uhr Nachts konnte ich in meinem Stübchen gewöhnlichen Druck lesen. – Von eilf bis ein Uhr dämmerte es, doch nie so stark, daß ich im Freien nicht hätte lesen können. Im Zimmer nahm ich auch den kleinsten Gegenstand, ja die Stunde auf meiner Taschenuhr wahr. Um ein Uhr konnte ich schon wieder im Zimmer lesen.

Nach Vidöe.

Die kleine Insel Vidöe, eine Meile von Reikjavik entfernt, wird in den meisten Reisebeschreibungen als Hauptaufenthalt der Eidergänse bezeichnet. – Ich besuchte sie am achten Juni, ward aber in meinen Erwartungen getäuscht. Ich sah zwar viele an den Abhängen der Wiesen, zwischen Felsstücken u. s. w. ruhig auf ihren Nestern sitzen, allein von Tausenden war da wohl keine Rede. Ich mochte im Ganzen vielleicht über einhundert bis einhundertfünfzig Nester gesehen haben.

Das Merkwürdigste ist die Zahmheit der Eidergänse während ihrer Brütezeit. – Ich habe immer die Erzählungen davon für Fabeln gehalten, und würde es jetzt noch thun – hätte ich mich nicht selbst davon überzeugt und meine eigenen Hände auf sie gelegt, – ja ich konnte ganz zu ihnen hintreten, und sie liebkosen, ohne daß sie von ihrem Neste aufflogen. – Manche verließen es zwar, wenn ich sie berühren wollte, aber sie flogen doch nicht auf, sondern spazierten ganz gemächlich einige Schritte vom Neste weg, und blieben da sitzen, bis ich mich wieder entfernte. Diejenigen aber, die schon lebendige Junge hatten, schlugen, wenn ich mich ihnen näherte, mit den Flügeln kräftig um sich, hauten mit dem Schnabel nach mir und ließen sich eher aufheben, als daß sie vom Neste wichen. Sie haben ungefähr die Größe unserer Enten; ihre Eier sind grünlich grau, etwas größer als Hühner-Eier und schmecken sehr gut. Sie legen im Ganzen gegen eilf Eier. Die feinsten Dunen sind jene, mit welchen sie das erstemal ihr Nest ausfüttern, und sehen ganz dunkelgrau aus. Die Isländer nehmen die Dunen sammt den erstgelegten Eiern weg. – Nun beraubt sich der arme Vogel abermal einer Portion Dunen, die aber schon nicht mehr von so zarter Qualität sind, wie die ersten, und legt abermal einige Eier. Auch dießmal wird ihm Alles genommen, und erst wenn er zum drittenmal das Nest mit seinen Dunen ausgefüllt, und einige Eier gelegt hat, wird er in Ruhe gelassen. – Die Dunen der zweiten und besonders der dritten Gattung sind viel lichter als jene der ersten. – Ich war ebenfalls so grausam, aus einigen Nestern etwas Dunen und ein Paar Eier zu nehmen.

Die gefährliche Einsammlung der Dunen und Eier, zwischen Klippen und unzugänglichen Felsen, an denen sich die Leute nur mittelst Stricke und mit Gefahr des Lebens hinab lassen oder herauf ziehen können, sah ich nicht, da es in der Umgebung von Reikjavik keine so halsbrecherischen Stellen gibt.

Lachsfang.

10. Juni.

Einen ebenfalls sehr nahen Ausflug (eine halbe Meile) machte ich in Gesellschaft Herrn Bernhöfts und seiner Tochter nach dem Laxselv (Lachsstrom) um dem Lachsfange beizuwohnen, der vom halben Juni bis halben August alle Wochen einmal statt findet. Er geschieht auf eine sehr einfache Art. Die Fische begeben sich nämlich zur Laichzeit in den Strom, und da wird dann dieser mit einigen leicht aufgeschichteten ungefähr drei Fuß hohen Steinwänden durchzogen, und ihnen dadurch der Rückweg zur See abgeschnitten. Kömmt nun der Tag, an welchem sie eingefangen werden sollen, so wird hinter jeder Steinwand noch ein Netz aufgezogen. – Man errichtet, in jedesmaliger Entfernung von achtzig bis hundert Schritten, drei bis vier solche Wehren, damit wenn die Fische der einen entschlüpfen, sie von den andern aufgefangen werden. Nun läßt man das Wasser so viel als möglich ab; – da schiessen die armen Fische hin und her, sie fühlen immer mehr die Abnahme des Wassers und drängen sich an die Schleussen, an deren Steinen sie sich anschlagen und verwunden. – Hier ist noch die tiefste Stelle des Wassers, die ist aber bald so mit denselben angefüllt, daß die Fischer, die da bereits aufgestellt sind, sie ganz bequem mit den Händen heraus fangen können.

Die Lachse haben eine ungewönliche Lebhaftigkeit und eine eben so ungewöhnliche Stärke und Schnellkraft. Der Fischer muß sie behende an Kopf und Schwanz zugleich erfassen, und sie an das Ufer schleudern, wo sie gleich von andern Leuten aufgefangen und tiefer in's Land hinein geworfen werden. – Geschähe dieß nur im Geringsten langsam oder nachlässig, würden ihnen viele derselben entschlüpfen. Es ist wunderbar, wie sich diese Thiere aus den Händen winden und in die Luft schnellen können. – Die Fischer müssen wollene Fäustlinge[8] anhaben, sonst könnten sie diese glatten Thiere gar nicht fassen: – Bei jedem Fange werden in einigen Stunden zwischen fünfhundert und tausend Stücken, das Stück 5 bis 15 Pfund schwer, erbeutet. – Denselben Tag, als ich zugegen war, wurden achthundert Fische gefangen. – Dieser Lachsfang hier ist von einem Kaufmanne zu Reikjavik gepachtet.

Die Fischer bekommen einen sehr großen Lohn, – die Hälfte des Fanges. Und doch sind sie damit unzufrieden und so wenig dankbar, daß sie selten ihre Arbeit ganz verrichten. So brachten sie z. B. den Antheil des Kaufmanns nur in den Hafen von Reikjavik, und waren viel zu träge die Fische vom Boote in sein Magazin, das höchstens 60-70 Schritte vom Hafen entfernt lag, zu tragen. Sie ließen ihm sagen, er möchte nur andere Leute senden, sie seien bereits zu sehr ermüdet. Natürlich helfen in einem solchen Falle keine Vorstellungen.

Wie in der ganzen Welt, wird auch in Island jede Gelegenheit gleich zu einem Schmause und zu einer Unterhaltung benützt. – Der Tag, an welchem wir dem Lachsfange beiwohnten, war einer der seltenen schönen Sommertage. Da wurde denn gleich von mehreren Kaufleuten verabredet, den Tag und den Fischfang durch ein Gabelfrühstück zu verherrlichen. Jeder steuerte etwas bei, und so kam ein reichhaltiges, elegantes Frühstück zu

Stande, bei dem es ganz nach unserer Art zuging, den einzigen Umstand ausgenommen, daß wir uns, aus Mangel an Tischen und Bänken, auf den Boden lagern mußten. Spanische und französische Weine, so wie kalter Punsch, waren im Ueberflusse vorhanden, und verbreiteten alsbald große Fröhlichkeit.

Ich sah bei dieser Gelegenheit eine neue Art, Butter-Schnitten mit Lammfleisch oder Käse mit sich zu führen. – Sie wurden schon zu Hause bereitet, mit den Fleisch- oder Käseschnitten belegt, und je zwei und zwei auf einander gethan. – So verpackt konnten sie unbeschädigt überall hingebracht werden.

Ein vierter Ausflug, den ich machte, war noch kürzer; er führte mich nur ⅓ Meile von Reikjavik weg zu einer heißen Quelle, die etwas Schwefel enthält, und zu einem kalten Flüßchen, das diese heiße Quelle in sich aufnimmt. – Durch diesen glücklichen Verein findet man da jede wünschenswerthe Temperatur, vom Siedpunkte bis zur bedeutenden Kälte. Die Städter benützen aber auch diese schöne Gelegenheit, und zwar zu zweifachem Gebrauche, zum Waschen und zum Baden. Ersterer ist unstreitig der wichtigere, und deßhalb hat man auch eine hölzerne Hütte errichtet, um die armen Leute während dieser Arbeit gegen Sturm und Wetter zu schützen. Früher war diese Hütte auch mit einer guten Thür und mit Glasfenstern versehen, und der Schlüssel befand sich an einem bestimmten Orte in der Stadt, wo ihn Jedermann haben konnte. Allein da waren die Dienstleute oder Bäuerinen das zehntemal zu träge den Schlüssel abzuholen; sie sprengten gleich das Schloß auf und schlugen die Fenster ein, und so gleicht denn dieses Hüttchen jetzt nur mehr einer Ruine, die nur ganz wenig Schutz verleihen kann. – Daß doch die Menschen überall gleich, und nur dann gut sind, wenn sich ihnen nichts in den Weg stellt! – Und leider ist dann das Verdienst weniger ihnen, als den glücklichen Umständen zuzuschreiben. – Was das Kochen betrifft, so bringen viele Leute Kartoffeln oder Fische mit, die sie nur in die heiße Quelle zu legen brauchen, um sie gleich zubereitet zu finden.

Zum Baden wird diese Quelle weniger benützt, höchstens kommen einige Kinder oder Bauern in der Absicht dahin. – Als Heilmittel kennt man sie gar nicht.

Die Schwefel-Quellen und Schwefel-Berge zu Krisuvik.

Der vierte Juni war zur Abreise bestimmt. – Es gab nur noch etwas Brod, Käse, Zucker und Kaffee einzupacken, dann wurde gesattelt und um sieben Uhr glücklich die Reise angetreten.

Ich war allein mit meinem Führer, der, wie alle seine hiesigen Standesgenossen, gerade nicht am liebenswürdigsten war. – Er war sehr träge, sehr interessirt und kümmerte sich nur höchst ungern um mich und meine Pferde, desto mehr um Brandwein, den man leider im ganzen Lande findet.

Die Gegend zwischen Reikjavik und Havenfiord hatte ich bereits bei meiner Ankunft in Island gesehen.

In der jetzt vorgerückten Jahreszeit war sie etwas freundlicher; zwischen den Lavablöcken sproßten Erdbeerpflanzen, doch noch ohne Blüthen, blaue geruchlose Veilchen und schönes acht bis zehn Zoll hohes Farrenkraut. Ueberhaupt war hier, trotz der geringen Entfernung, die Vegetation üppiger, als bei Reikjavik, denn da fand ich gar keine Erdbeerpflanzen, und die Veilchen waren noch nicht in der Blüthe. – Ich glaube, daß dieser Unterschied der Vegetation von den mächtigen Lavawänden herrühren mag, deren es bei Havenfiord eine große Menge gibt, und die den zarten Pflanzen und Kräutern als Schutz gegen die rauhen

Winde dienen. Besonders sah man Gras und die oben genannten Pflanzen in den kleinen Vertiefungen, welche aus Lavamassen gebildet sind, herrlich gediehen.

Eine Stunde hinter Havenfiord sah ich das erste Birkengestrüpp, das sich aber nur zu einer Höhe von 2-2½ Fuß erhob. Auch Heidelbeerpflanzen und eine Menge kleiner Schmetterlinge, von einer und derselben Farbe, und wie es mir schien, auch von derselben Gattung umgaukelte Pflanzen und Gestrüpp.

Bewundernswürdig und wahrhaft überraschend sind die mannigfaltigen Formen und Bildungen der Lavafelder. So klein diese Reise auch ist – denn man gelangt in zehn Stunden ganz bequem nach Krisuvik – so ist sie doch über alle Beschreibung lohnend. – Ich konnte nur schauen und bewundern. Ich vergaß darüber alles Andere, fühlte weder Kälte noch Sturm, ließ mein Pferd nach Gefallen sich mit möglichster Langsamkeit den Weg selbst suchen, und wäre dadurch bald von meinem Führer getrennt worden.

Einer der merkwürdigsten Lavaströme lag in einem langen und breiten Thale. – Der Lavastrom, ungefähr eine halbe Meile lang, und von einer bedeutenden Breite, durchzog die ganze Mitte, und schien wie hergezaubert, da in der Nähe kein Berg zu sehen war, mit dem er hätte in Verbindung stehen können. Er schien die Decke eines unermeßlichen Kraters zu sein, und war nicht aus einzelnen Steinen und Blöcken, sondern aus einer dichten 10-12 Fuß hohen und etwas porösen Felsenmasse gebildet, die hin und wieder von fußbreiten Rissen durchfurcht war.

Ein anderes noch größeres Thal, von mehreren Meilen im Umfange, war mit wellenartigen Lava-Massen derart angefüllt, daß ich ein versteinertes Meer zu erblicken wähnte. – Und aus der Mitte dieses Meeres erhob sich ein hoher, schwarzer Berg, der zu der ihn umgebenden lichtgrauen Lavamasse – einen herrlichen Gegensatz bildete. – Anfangs dachte ich, die Lava wäre von diesem Berge ausgeströmt, doch sah ich, daß er von allen Seiten glatt und rein, und oben in der Form eines Zuckerhutes vollkommen geschlossen war. – Auch die andern Gebirge, die das Thal umfaßten, waren geschlossen, und ich suchte vergebens die Spur eines Kraters.

Nun kamen wir zu einem kleinen See und bald darauf zu einem größeren, welcher Kleinfarvatne heißt. – Beide waren von Bergen eingeschlossen, die sich oft steil in die Fluthen senkten, und den Tritten der Pferde keinen Raum gestatteten. – Wir mußten auf schauderhaften Wegen die Berge bald erklimmen, bald wieder über selbe hinab klettern, oder uns an den Abhängen fortwinden, – ja an manchen Orten sogar von den Pferden steigen und auf Händen und Füßen in die Tiefe kriechen. – Kurz: diese Stellen, die bei anderthalb Meilen dauerten, gaben den syrischen durchaus nichts nach, ja sie waren beinahe noch schlechter.

Uebrigens versicherte man mich, daß ich auf allen meinen künftigen Reisen in diesem Lande keine ähnlichen Stellen mehr finden würde, und somit bin ich mit den Wegen Islands vollkommen ausgesöhnt, denn selbst auf dieser Tour, die beständig über Lavafelder führte, waren weiterhin die Pfade meistens gut.

Nachdem wir nun schon bei sechs Meilen zurückgelegt hatten, kamen wir endlich in ein freundliches Thal, und bald sahen wir, sowohl dem Thale, als auch den es umgebenden Höhen kleinere und größere Rauchwolken entsteigen. – Dieß waren die Schwefel-Quellen und Schwefel-Berge.

Kaum konnte ich erwarten, das noch eine halbe Meile entfernte Krisuvik zu erreichen. – Einige ganz unbedeutende Seen waren noch zu passiren; endlich um 6

Uhr Abends gelangten wir an Ort und Stelle.

Seit früh Morgens hatte ich nichts genossen, als ein Stückchen Brod und etwas Käse; – dennoch gönnte ich mir nicht die Zeit erst Kaffee zu kochen; ich stieg vom Pferde, nahm meinen Führer und trat alsogleich die Wanderung nach den rauchenden Bergen an. – Anfangs führte der Weg über sumpfige Stellen und Wiesengrund, bald ging es aber an das Besteigen der Berge, das durch den elastischen, nachgebenden Boden sehr beschwerlich wurde. – Jeder Fuß drückte sich tief ein, und man mußte sehr besorgen, irgendwo einzubrechen, was in der Nähe dieser dampfenden und kochenden Quellen durchaus nicht angenehm gewesen wäre. – Endlich erreichte ich die Höhe, und sah ziemlich viele Becken voll kochenden Wassers, und auf allen Seiten, auf den Höhen und in den Thälern aus zahllosen Ritzen Dampfsäulen aufsteigen. Besonders aus einer Ritze eines Berges wirbelte eine gar mächtige Dampfwolke empor. – Auf der Seite des Windes konnte ich dieser Stelle ganz nahe kommen. – Der Boden war nur hie und da lauwarm, und ich konnte mehrere Augenblicke die Hand an die Spalten halten, aus denen der Dampf hervor quoll. Von einem Krater war nichts zu sehen. – Das Brausen und Zischen des Dampfes und das Lärmen des Windes verursachten ein solch betäubendes Geräusch, daß ich froh war, bald wieder andern Boden unter meinen Füßen zu fühlen, und diesen Ort verlassen zu können. Es war mir als ob in dem ganzen Berge Alles kochte und sötte.

Die Aussicht von diesen Höhen war sehr schön; ich sah viele Thäler, Gebirge über Gebirge, und sogar jenen in dem Lavameere einzeln stehenden schwarzen Berg, an dem ich vor fünf bis sechs Stunden vorüber geritten war.

Nun stieg ich in das Thal hinab; das Lärmen und Brausen hörte ich schon nach einigen hundert Schritten nicht mehr.

– Ich dachte, das Wunderbarste nun schon gesehen zu haben, doch kam mir auch hier unten im Thale noch manches Merkwürdige vor. – Da war ein Becken, von vielleicht fünf bis sechs Fuß im Durchmesser, angefüllt mit beständig aufkochendem Brodem. – Dieser Brodem glich vollkommen einer feinen, lichtgrauen, im Wasser aufgelösten Lehmmasse.

Aus einem andern Becken, von höchstens zwei Fuß im Durchmesser, wirbelte fortwährend eine Dampfsäule mit solchem Getöse und solcher Gewalt auf, daß ich wie betäubt zurück wich und jeden Augenblick die Decke gesprengt zu sehen vermeinte. Dieses Becken liegt in einem Winkel des Thales, und ist auf drei Seiten von Hügeln rings umschlossen. – Rings herum sprudelten noch mehrere heiße Quellen; doch sah ich aus keiner Wassersäulen hervorsteigen, und mein Führer versicherte mich auch, daß eine solche Erscheinung hier nie statt habe.

Das Betreten dieser Stellen ist noch viel gefährlicher, als jener auf den Bergen. Trotz der größten Vorsicht sinkt man oft bis über die Knöchel ein, und zieht erschrocken den mit Brodem bedeckten Fuß zurück; an der Stelle selbst steigt dann Rauch und heißer Brodem oder kochendes Wasser empor.

Ich ließ freilich meinen Führer voraus gehen, der immer mit einem Stocke den Weg untersuchte, aber dennoch einmal bis über die halbe Wade einsank. – Diese Menschen scheinen indessen an dergleichen Gefährlichkeiten so gewöhnt, daß sie sich wenig daraus machen. – Er ging ganz phlegmatisch zur nächsten Quelle, und reinigte seine Kleider vom Brodem. – Ich folgte seinem Beispiele, da auch ich bis über die Knöchel damit bedeckt war.

Zu dieser Excursion sollte man eigentlich 5-6 Fuß lange Bretter mitnehmen, um sie über die gefährlichsten Stellen legen zu können.

Um neun Uhr Abends, bei noch vollem Sonnenscheine kam ich wieder nach Krisuvik. – Nun erst nahm ich mir Zeit, diesen Ort genauer zu betrachten, und fand, daß er aus einer kleinen Kirche und einigen elenden Hütten bestand.

Ich kroch in eine dieser Höhlen, die so finster war, daß ich lange Zeit stehen mußte, bis ich etwas unterscheiden konnte; – das Licht fiel nur durch eine ganz kleine Oeffnung herein. Ich traf da einige Personen, die an einem in Island sehr häufig vorkommenden Aussatze, Namens Lepra, litten; Kopf und Hände waren schon mit diesem Ausschlage bedeckt. Verbreitet er sich über den ganzen Körper, so siecht der Kranke langsam dahin, zehrt immer mehr ab, und ist unrettbar verloren.

Die Kirchen dienen in diesem Lande nicht bloß zum Gottesdienste, sondern auch als Magazine für Lebensmittel, Geräthschaften, Kleidungsstücke u. s. w. und als Nachtquartier für Reisende.

Ich glaube kaum, daß selbst bei den rohesten Völkern eine solche Entweihung heiliger Gebäude statt habe. – Man sagte mir zwar, daß diese Mißbräuche jetzt abgeschafft werden sollten. – Dieß hätte aber schon lange geschehen können, und scheint auch jetzt nur beim Sollen zu bleiben; denn wo ich hin kam, stand mir die Kirche als Nachtherberge zu Diensten, und in Jeder fand ich Fische, Talg und weiß Gott, was noch für gestankverbreitende Dinge aufgespeichert.

Das hiesige Kirchlein ist 22 Fuß lang und 10 Fuß breit; erst bei meiner Ankunft wurde es in Stand gesetzt, mich beherbergen zu können. Man warf Pferdesättel, Stricke, Kleider, Hüte und andere herumliegende Geräthschaften in einen Winkel, brachte Kotzen und einige recht hübsche weiche Federkissen, und bereitete mir auf einer, zur

Aufbewahrung der Meßkleider, Altartücher u. s. w. dienenden Kiste eine ziemlich gute Lagerstätte.

Gerne hätte ich mich nun da eingeschlossen, mir mein frugales Nachtmahl bereitet, und dann vor meinem Schlafengehen noch ein wenig an meinem Tagebuche geschrieben; – – doch daran war nicht zu denken. Sämmtliche Bewohner des kleinen Ortes wollten mich sehen; Alt und Jung strömte in das Kirchlein, Alles umringte und betrachtete mich.

So unangenehm mir dieses Begaffen war, mußte ich es mir doch gefallen lassen; denn das Wegjagen hätte die guten Leute doch gar zu sehr gekränkt. – Ich fing also trotz dem an, meinen kleinen Quersack auszupacken, Kaffee auf Spiritus zu kochen u. s. w. Da steckten sie alle ihre Köpfe zusammen, bewunderten ganz besonders die Art des Kaffeekochens, und verfolgten jede meiner Bewegungen mit den Augen. – Nachdem ich mein frugales Abendmahl verzehrt hatte, wollte ich die Ausdauer meines Publikums auf die Probe stellen, nahm mein Tagebuch zur Hand, und fing an zu schreiben. – Einige Minuten verhielten sie sich so ziemlich stille, dann aber sagte Eines zum Andern: »Sie schreibt, sie schreibt« – Dieß wiederholten sie beständig, und trafen durchaus keine Anstalt, mich zu verlassen; ja ich glaube, heute noch könnte ich dort sitzen, ohne sie aus meiner Nähe geschrieben zu haben. Nach einer vollen Stunde ward es mir doch endlich gar zu viel, und ich ersuchte meine liebenswürdigen Zuseher mich zu verlassen, da ich schlafen gehen wolle.

Meine Nachtruhe war eben nicht sehr erquickend. – Sich so ganz allein in einer Kirche zu wissen, inmitten eines Friedhofes, ist denn doch etwas unheimlich. – Dazu erhob sich nach Mitternacht solch ein fürchterlicher Sturm, daß die schwachen Holzwände von allen Seiten krachten und knarrten, als würden sie aus ihren Fugen gerissen. – Auch die Kälte war ziemlich fühlbar; denn mein Thermometer wies in der Kirche nur auf zwei Grad Wärme. – Ich dankte Gott innig, als der Tag und die Stunde der Abreise heran nahte. –

5. Juni.

Vor sieben Uhr früh ist an ein Aufbrechen und Fortkommen bei der schrecklichen Schläfrigkeit und Trägheit eines isländischen Führers wohl gar nicht zu denken. Uebrigens hat dieß auch wenig zu bedeuten, da es in dieser Jahreszeit hier nie Nacht wird.

Ich nahm, trotz der bedeutend größeren Entfernung, den Rückweg nach Reikjavik über Grundivik und Keblevik, um die unwirthbarste der bewohnten Gegenden Islands kennen zu lernen. –

Die erste, drei Meilen lange Tour von Krisuvik nach Grundivik ging über lauter Lava-Felder, die meist aus kleinen Steinblöcken und Gerölle bestanden, und die Thäler so ausfüllten, daß auch nicht das kleinste grüne Plätzchen zu sehen war. Hier traf ich auf Lavaströme anderer Art, die einen unbeschreiblich schönen Anblick gewähren.

Es waren 10-12 Fuß hohe, in den verschiedensten Formen aufgethürmte schwarze Massen, deren untere Theile mit weißlichem Moose, wie mit einem dichten Reife überzogen waren, während die obern als Spitzen und Zacken emporragten und häufig durchbrochen, die sonderbarsten Aufsätze und Gestalten bildeten. – Diese Lavaströme scheinen aus neuerer Zeit zu stammen, da die Massen mehr schlackenartig und glasig sind.

Grundivik, ein kleines grünes Plätzchen mit einigen

elenden Kothen, liegt wie eine Oase in dieser Schlacken-Wüste.

Mein Führer wollte hier bleiben, indem er behauptete, zwischen hier und Keblevik sei kein Ort, wo ich ein Nachtlager finden würde, und bis nach Keblevik zu reiten sei für unsere Pferde, die noch von den gestrigen schlechten Wegen ermüdet seien, doch gar zu weit. – Es war ihm aber nur darum zu thun, die Reise um einen Tag zu verlängern.

Ich führte aber zum Glücke eine gute Karte bei mir, aus der ich die Entfernung so ziemlich beurtheilen konnte; auch erkundigte ich mich stets vor dem Antritte einer Reise um die tägliche Eintheilung derselben.

Ich drang also auf die Weiter-Reise, und bald ging es wieder fort durch lauter Lavafelder nach dem drei Stunden von Grundivik entfernten Oertchen, Stad.

Auf dieser Tour fiel mir ein Berg auf, der sich wunderbar ausnahm. Er hatte eine vollkommene Eisenfarbe, war von allen Seiten glatt, beinahe glänzend, und nur hin und wieder mit gelb braunen, ockerähnlichen Streifen durchzogen.

Stad ist der Sitz eines Priesters. – Gegen die Behauptung meines Führers fand ich diesen Ort viel hübscher und wohnlicher, als Grundivik. – Während die Pferde ruhten, machte mir der Priester seine Aufwartung, und führte mich – nicht etwa, wie ich erwartete in sein Haus, nein, in die – – Kirche, da ließ er Stühle und einen Fußschemel hinbringen, stellte mir seine Frau und seine Kinder vor, und bewirthete mich mit Kaffee, Butter, Käse u. d. gl. – Auf dem Geländer um den Altar hingen die Kleider des Priesters und seiner Familie, die sich von denen des Bauervolkes nur sehr wenig unterschieden.

Der Priester selbst schien mir ein recht belesener und

unterrichteter Mann zu sein. Ich sprach schon so ziemlich dänisch, und konnte mich daher mit ihm über Vieles unterhalten. Als er erfuhr, daß ich bereits in Palästina gewesen war, stellte er mir eine Menge Fragen, aus welchen ich entnehmen konnte, daß er in der Geographie, Naturgeschichte, Völkerkunde u. s. w. sehr bewandert war. – Er begleitete mich zwei Stunden, die wir recht angenehm verplauderten.

Die Entfernung von Krisuvik nach Keblevik beträgt gegen neun Meilen. – Der Weg führt immerfort durch die erstorbensten Gegenden, durch große öde Thäler, die oft fünf bis sechs Meilen im Umfange haben, die durchaus jeder Vegetation entbehren und in ihrer ganzen Ausdehnung mit Lavamassen überdeckt sind, – – düstere Bilder vulkanischer Revolutionen! – Und doch sah ich hier an diesem Haupt-Herde des Feuers nur einen einzigen Berg, welcher oben eingesunken war, und daher einem Krater glich. Alle übrigen waren vollkommen geschlossen, und endigten in einer schönen runden Kegelform, oder ganz spitz, oder bildeten lange schmale Rücken.

Wer kann sagen, woher diese Alles verwüstende Lavamassen sich ergoßen, und wie viel Jahrhunderte schon sie versteinert in diesen Thälern liegen?! –

Keblevik liegt am Meere, besitzt aber einen nur unsichern Hafen, in welchem die Schiffe so kurze Zeit als möglich vor Anker bleiben; man sieht oft auch kaum mehr als 2-3 Schiffe im Hafen.

Einige hölzerne Häuser, von welchen zwei Herrn Knudson gehören, und einige Kothen bilden die ganzen Baulichkeiten dieses Oertchens. – Bei Herrn Siverson, dem Faktor Herrn Knudson's, fand ich eine sehr gute Aufnahme und Erholung von der heutigen angestrengten Tagreise.

Auch den folgenden Tag (6. Juni) hatte ich bis Reikjavik einen starken Ritt, gute acht Meilen, zu machen, und zwar wieder größtentheils über Lavafelder.

Man nennt auch die ganze Gegend von Grundivik bis gegen Havenfiord, die Lavafelder von Reikianes.

Müde und halb erstarrt kam ich Abends in Reikjavik an, mit keinem andern Wunsche, als mich so bald als möglich zur Ruhe zu begeben.

Ich hatte in diesen drei Tagen 25 Meilen gemacht, und dabei viel von Kälte, Sturm und Regen ausgestanden. Die Wege waren zu meinem Erstaunen größtentheils gut gewesen; doch gab es auch viele Stellen, die im höchsten Grade beschwerlich waren.

Aber all' diese Beschwerden und Mühseligkeiten, wie so schnell waren sie schon nach der ersten Nachtruhe vergessen, während das gesehene Einzig-Schöne, diese wirklichen Wunder des Nordens, mir unvergeßlich blieben, und meinem Gedächtnisse hoffentlich nie entschwinden werden! –

Von Reikjavik bis Krisuvik	8	Meil.
Von Krisuvik bis Keblevik	8½	"
Von Keblevik bis Reikjavik	8⅓	"
	25	Meil.

Reise nach Reikholt (Reikiadal) und der Grotte Surthellir.

Da die Witterung gut und schön war, wollte ich keine Zeit versäumen, meine Wanderungen nach und nach fortzusetzen. – Ich hatte nun eine Tour von ungefähr 130 deutschen Meilen zu machen, und mußte daher noch ein Pferd mehr mitnehmen, theils um demselben mein Bischen Gepäck, welches aus einem Kissen, Roggenbrod, Käse, Kaffee und Zucker bestand, aufzuladen, theils, und hauptsächlich, um täglich wechseln zu können, da ein Pferd die Mühen einer großen Reise nicht ausgehalten haben würde.

Mein erster Führer konnte mich auf dieser Reise nicht begleiten, weil er der meisten Wege unkundig war. Meine gütigen Beschützer Herr Knudson und Herr Bernhöft hatten abermal die Güte, für einen Andern zu sorgen; eine schwere Aufgabe, da man selten auf einen nüchternen Mann trifft, und zugleich auch auf einen solchen, der der dänischen Sprache mächtig ist. Endlich wurde ein tauglicher Bauer gefunden, dem waren aber 2 fl. CM. täglich zu wenig, und ich mußte per Tag noch einen Zwanziger (⅓ Gulden) zulegen, dagegen wurde ausbedungen, daß auch er zwei Pferde haben müsse, um täglich wechseln zu können.

Der 16. Juni war zur Abreise bestimmt. Mein neuer Führer zeigte sich schon am ersten Tage nicht von der besten Seite. Er ließ seinen Pferdesattel erst an demselben

Morgen unserer Abreise zusammenflicken und kam statt mit zwei Pferden, nur mit einem. Freilich versprach er, einige Meilen von hier ein zweites zu kaufen, da er, entfernter von der Hauptstadt, billiger dazu käme. Doch vermuthete ich gleich, daß dieß nur eine Ausrede sei, und er dadurch blos der Mühe, auf vier Pferde zu sehen, entgehen wollte, – und richtig wurde nirgends ein zweites taugliches Pferd gefunden, und mein armes Thierchen mußte auch noch des Führers Bedarf tragen.

Das Bepacken der Pferde macht stets viel zu schaffen, es geschieht auf folgende Weise: Man legt über den Rücken des Thieres einige große ausgetrocknete Rasenstücke die nicht befestigt werden, und schnallt darüber ein etwas rund gebogenes Stück Holz, das oben mit 2-3 hölzernen Spitzen versehen ist. An diese Spitzen hängt man nun die Koffer oder Päcke. Ist die Ladung auf beiden Seiten nicht gleich schwer, so muß alle Augenblicke angehalten und neuerdings gepackt werden, da das ganze Ding gleich schief sitzt.

Die Koffer, die man hier zu Lande hat, sind massiv aus Holz gemacht, mit einem rauhen Felle überzogen, und von allen Seiten mit Eisen beschlagen als ob sie für die Ewigkeit bestimmt wären. Schon an den leeren Koffern hat das arme Thier eine tüchtige Last zu tragen, und man kann ihm daher nur wenig eigentliches Gepäck aufbürden. Die gewöhnliche Last, die ein Pferd auf längeren Reisen zu tragen hat, darf höchstens 150 Pf. betragen.

Wie oft unser Gepäck während einer Tagreise neuerdings befestigt werden mußte, wüßte ich wirklich nicht zu sagen. – Die großen Rasenstücke blieben nie lange fest sitzen, und somit ging alle Augenblicke Alles schief. Einen Isländer aber von seiner gewohnten Weise abzubringen, gehörte zu einem Wunder; – so packten seine Voreltern, und so muß auch er packen.

Wir hatten den ersten Tag 10 M. zu machen, und dessenungeachtet konnten wir, des beschädigten Sattels wegen, vor acht Uhr Morgens nicht aufbrechen. –

Der Weg führte uns die ersten drei Meilen durch das große Thal, in welchen Reikjavik liegt, das von niedern Hügeln durchzogen ist, welche wir theilweise übersteigen mußten. Auch mehrere Flüsse, darunter Lachselv, der bedeutendste, traten uns als Hemmnisse entgegen; doch waren sie in dieser Jahreszeit gefahrlos zu durchreiten. – Fast alle Thäler, durch welche wir heute kamen, waren mit Lava überdeckt, boten aber manche schöne Stelle dem Auge dar. Mehrere unbedeutende Hügel, an denen wir vorüber kamen, schienen mir einstige Feuerspeier gewesen zu sein, da der ganze obere Theil derselben mit kolossalen Lavaplatten leicht bedeckt war, als sei der Krater damit geschlossen worden. Rings herum lag Lava von derselben Art und Farbe, nur in kleineren Stücken.

Während der ersten drei Meilen hat man von jedem Hügel, den man ersteigt, die Ansicht des Meeres. – Auch findet man die Gegend noch ziemlich bewohnt, später aber durchreiset man eine Strecke von mehr als 6 Meilen, ohne auf eine menschliche Wohnung zu treffen. Man kömmt von einem großen Thale in das andere, und findet in der Mitte all dieser von ziemlich hohen Bergen eingeschlossenen Einöden nur ein einziges Hüttchen, das für Reisende errichtet ist, die im Winter die lange Strecke in einem Tage nicht zurück legen können, und hier zu übernachten pflegen. Man darf sich aber nicht schmeicheln in ihr ein lebendes Wesen, etwa in Gestalt eines Wirthes, zu finden; das Häuschen ist ganz leer und besteht nur aus einem kleinen Gemache mit vier schmucklosen Wänden. Der Reisende ist nur an das gewiesen, was er selbst mitbringt.

Die Thäler, welche wir heute durchzogen, waren durchgängig von einer und derselben Gattung Lava bedeckt; sie kömmt in kleineren Steinen und als Gerölle vor, ist nicht sehr porös, von lichtgrauer Farbe und an vielen Stellen mit Sand oder Erde vermengt.

Einige Meilen von Thingvalla kömmt man in ein Thal, das schöne Erde hat, aber dennoch nur spärlich mit Gras bedeckt ist. Es ist voll kleiner Erhöhungen, die größtentheils mit zartem Moos bewachsen sind. Ich glaube, daß die Einwohner manch Stück Grund in einen viel besseren Zustand versetzen könnten, wenn sie nur nicht so träge wären. Um Reikjavik selbst ist der schlechteste Grund und Boden, und doch wurde ihm durch Müh und Arbeit manch Stück Garten, manche gute Wiese abgerungen. – – Warum sollte hier, wo die Natur bereits vorgearbeitet hat, nicht noch leichter etwas zu erzielen sein?

Thingvalla, unsere heutige Nachtstation, liegt an dem See gleichen Namens, wird aber erst sichtbar, wenn man schon davor steht. Der See ist ziemlich bedeutend, er ist mehr als ein eine halbe Meile lang und an manchen Stellen gewiß eine halbe Meile breit, auch enthält er zwei Inselchen – kahle Hügel – Sandey und Nesey.

Noch fesselte der See und dessen kahle, finstere Gebirgseinfassung meine ganze Aufmerksamkeit, als sich plötzlich zu meinen Füßen, wie hingezaubert, ein Schlund öffnete, in welchen hinab zu sehen wahrhaft Grausen erregend war; – unwillkührlich fiel mir Webers »Freischütz« und die Wolfsschlucht ein.

Um so mehr überrascht dieser Anblick, da man, von dieser Seite kommend, nur die fortlaufenden Thäler sieht, und gar keine Ahnung hat, daß eine solche Schlucht dazwischen liegen könne. – Es war eine Spalte kaum 4-5 Klafter breit, dafür aber mehrere hundert Fuß tief, und da mußten wir hinab, auf einem schmalen, schroffen, höchst gefährlichen Pfade, über große Lavatrümmer. Je tiefer man kommt, desto schauerlicher gestaltet sich die Bahn, desto ängstlicher wird Einem zu Muthe. – Auf hochaufgethürmten Lavawänden, die den ganzen langen Schlund, gleich einer Gallerie umschließen, stützen sich lose und schwebend, in Form von Pyramiden oder Säulentrümmern, einzelne Steinkolosse, die dem armen Wanderer mit Tod und Vernichtung drohen. Stumm, ängstlich und beklommen klettert man hinab, durchzieht einen Theil dieser Kluft, und wagt kaum aufzublicken, viel weniger auch nur den geringsten Laut von sich zu geben, um ja nicht diese Steinlawinen, von deren furchtbarer Gewalt umherliegende Felstrümmer zeugen, zu erschüttern und zum Sturze zu bringen. – Merkwürdig ist das Echo, das den schwächsten Hufschlag, den leisesten Ton wiedergibt.

Einen ganz eigenthümlichen Anblick gewährt es, wenn man bereits in der Tiefe angelangt, erst die Pferde hinab klettern läßt; es sieht gerade so aus als hingen sie an den Wänden.

Diese Schlucht ist unter dem Namen Almanagiau bekannt. Ihre Länge beträgt ungefähr eine viertel Meile, doch kann man nur eine kurze Strecke durchwandeln; der größere Theil davon ist durch über einander geworfene Lavatrümmer gänzlich versperrt. – Auf der rechten Seite theilt sieh die Felswand, und bildet den Ausweg, der ebenfalls wieder über schreckliche Lavamassen in das schöne, große Thal Thingvalla führt. – Mir kam es vor, als wandelte ich in den Tiefen eines Kraters, der vor undenklichen Zeiten in fessellosem Wüthen diese Wände um sich aufgestellt hatte.

Das Thal Thingvalla gilt für eines der schönsten in Island.

Es enthält mehrere Wiesengründe, die dem Menschen eine genügende Zufluchtsstätte gewähren und ihn in den Stand setzen, selbst mehreres Vieh zu halten. – Der Isländer hält dieß kleine, grüne Thal für den schönsten Fleck der Erde. – Das Oertchen Thingvalla liegt unweit vom Ausgange der Schlucht, jenseits des Flusses Oxer, am See und besteht aus 3-4 Kothen und einem Kirchlein. – Man sieht einige einzelne Höfe und Kothen zerstreut liegen.

Einst war Thingvalla einer der wichtigsten Orte in Island, und noch zeigt man dem Fremdling die Wiese, die sich unweit des Oertchens befindet, auf welcher jährlich der Alldings (die Gerichtsversammlung) unter Gottes freiem Himmel gehalten wurde. – Hier versammelten sich das Volk und seine Führer, und schlugen gleich Nomaden ihre Zelte auf. – Hier war es auch, wo manche Meinung, manches Recht durch Gewalt der Waffen durchgesetzt wurde. Friedlich erschienen die Häuptlinge an der Spitze ihrer Anhänger, und doch kehrte gar Mancher von ihnen nicht wieder heim; er fand unter den Streichen seines Gegners die Ruhe, die Niemand sucht, und doch Jeder findet.

Eine Seite des Thales ist vom See begrenzt, die andere von schönen Bergen, deren einige ich noch ziemlich mit Schnee bedeckt fand. – Der Fluß Oxer bildet unweit des Ausganges der Schlucht einen schönen Fall über eine ziemlich hohe Felswand.

Es war noch der schönste Tag, als ich zu Thingvalla ankam; und der Himmel wölbte sich rein und klar über die ganze Landschaft. Um so wunderbarer kam es mir vor, einige Wolken an der Mitte der Berge schweben zu sehen, die bald einen Theil derselben einhüllten, bald sich, gleich Kränzen, um ihre Spitzen wanden, oder in ihr Nichts zerflossen, um an einer andern Stelle gleich wieder zu erscheinen. –

Es ist dieß eine Erscheinung, die man an den heitersten Tagen in Island sehr häufig wahrnimmt; ich beobachtete sie oft an den Gebirgen um Reikjavik. Der Himmel war rein, glänzend und wolkenlos, plötzlich zeigte sich ein Wölkchen am Rande eines Berges, das oft im Augenblicke zur Wolke wurde, und eine Zeitlang ruhig stehen blieb, dann wieder zerrann, oder auch wohl langsam weiter schwebte, – ein Spiel, das, wenn auch oft gesehen, doch immer lieblich bleibt.

Der Pastor zu Thingvalla, Herr Bech, bot mir zur Nachtherberge seine Hütte an, die aber eben nicht viel besser aussah, als jene der nachbarlichen Bauern, und so zog ich es vor, mich in der Kirche einzuquartiren, wozu man stets nur zu bereitwillig Erlaubniß erhält. Dieß Kirchlein ist nicht viel größer als jenes zu Krisuvik, und steht von den paar Kothen etwas entfernt. Dieß mag vielleicht Ursache gewesen sein, daß ich keine lästigen Besuche erhielt. Mit meinen stummen Nachbarn im kühlen Grabe war ich auch schon vertrauter geworden, und so verbrachte ich die Nacht recht ruhig auf einer der hölzernen Kisten, die ich da vorfand. Ueberall ist nur der Anfang schwer; hat man einige so düstere Nächte überwunden, so achtet man kaum mehr darauf.

17. Juni.

Unsere heutige Station war noch stärker als die gestrige. Wir hatten, wie man mir sagte, bis Reikholt (auch Reikiadal genannt) eilf volle Meilen zu machen. – Nach der Karte kann man die Entfernungen nicht immer genau bemessen; es thürmen sich oft unwegsame Gegenden dazwischen auf, die man nur in großen Umkreisen umgehen kann. So war es auch heute der Fall. Nach der Karte hätte man denken sollen, daß die Entfernung von Thingvalla nach Reikholt viel geringer sei, als jene von Reikjavik nach Thingvalla, und doch ritten wir über 14 Stunden, – um zwei Stunden länger als bei unserer gestrigen Tour.

So lange der Weg durch das Thal Thingvalla führt, hat man der Abwechslungen mehrere. Bald hat man einen Arm des Flußes Oxer zu übersetzen, bald sieht man eine artige Wiese und bald kömmt man sogar durch kleine Waldpartieen, d. h. nach der Isländer Meinung; – denn bei uns zu Lande würde man dergleichen reizende Partieen für unnützes Gestrüppe ansehen, und ausrotten. Es wuchert am Boden fort, und erhebt sich kaum 2 bis 3 Fuß hoch. Erreicht einmal ein Stämmchen bei 4 Fuß, so gehört es schon zu dem Riesengeschlechte der Bäume. Der größte Theil dieser eingebildeten Wälder gedeiht auf der Lava, die das Thal überdeckt.

Die Lavabildung ist hier wieder anderer Art. Bisher hatte ich sie meist nur als Gerölle, oder in größeren Steinmassen, oder als Ströme über einander geschichtet gesehen, hier aber überdeckte sie den größten Theil des Bodens in der Form von flachen ungeheuren Felsplatten oder Felspartieen, die sich oft in Tiefen spalteten. Ich sah lange Klüfte von 8-10 Fuß Breite und 10-15 Fuß Tiefe. In diesen Spalten blühten die Blumen etwas zeitlicher, und auch das Farnkraut wuchs höher und üppiger als auf der rauheren Oberwelt.

Nachdem man das Thal Thingvalla durchzogen hat, wird die Reise sehr einförmig. Die weitere Gegend ist gänzlich unbewohnt; wir legten viele Meilen zurück ohne auf eine einzige Kothe zu stoßen. Von einem öden Thale kamen wir in das andere; alle waren mit lichtgrauem, gelblichem Lava-Gerölle überdeckt, stellenweise auch mit schönem feinem Sande, in welchem die Pferde bei jedem Schritte bis über den Huf einsanken. Die Gebirge, welche die Thäler umgaben, gehörten nicht zu den höchsten; selten, daß ein Jokul (Gletscher) aus ihnen hervor leuchtete. Die Berge sahen wie polirt; die Seiten waren vollkommen glatt und glänzend. Nur an manchen Bergen bildeten Lavamassen herrliche Gruppen, welche Säulentrümmern und Resten antiker Bauten glichen und an den glatten Wänden ganz eigenthümlich schön hervorragten.

Die Berge haben verschiedene Farben, sie sind schwarz, braun, grau, lichtgelb u. s. w.; und wunderbar machen sich die Schattirungen und Abstufungen dieser Farben im hellen Glanze der Sonnenbeleuchtung.

Nachdem wir neun Stunden unausgesetzt geritten waren, kamen wir auf einen sehr großen Moorgrund, der höchst spärlich mit Gras bewachsen war. Und dennoch war dieß der einzige Weideplatz, der uns auf der langen Strecke zwischen Thingvalla und hier vorkam. Wir machten also da zwei Stunden Rast, um unsern armen Pferden ein kärgliches Mahl zu gönnen. – Ganze Schwärme von kleinen Mücken, die Einem beinah in Mund, Nase und Augen flogen, machten diesen Aufenthalt zu einer wahren Qual.

Auf diesem Moorgrunde befand sich auch ein kleiner See, und hier war es, wo ich zum ersten Mal eine kleine Schaar von Schwänen sich niederlassen sah. Leider sind diese

Thiere aber so außerordentlich scheu, daß sie sich bei der leisesten Annäherung eines Menschen mit Blitzesschnelle in die Lüfte heben. Ich mußte mich also begnügen diese stolzen Vögel immer nur von der Ferne zu betrachten. – Sie halten sich immer paarweise zusammen, und der größte Schwarm, den ich sah, bestand aus vier Paaren.

Schon seit meiner Ankunft auf Island hatte ich dessen Einwohner für ein etwas träges Volk gehalten; heute ward ich in dieser Meinung bestärkt, und zwar durch eine Kleinigkeit. – Der Moorgrund, auf dem wir Rast hielten, war durch einen schmalen Wassergraben von dem daran stossenden Lavafelde getrennt. Ueber diesen Graben lagen einige Steine und Platten, die eine kleine Brücke bildeten. Nun war aber diese Brücke so voll Löcher, daß die Pferde nicht wußten, wohin sie den Fuß setzen sollten, und sich hartnäckig weigerten darüber zu schreiten, so daß wir absteigen und sie hinüber führen mußten. Kaum hatten wir diese Stelle passirt und uns gelagert, kam eine Caravane von 15 Pferden, die mit Brettern, trocknen Fischen, u. s. w. beladen waren. Die armen Thiere bemerkten natürlich auch die gefährlichen Stellen, und konnten nur durch derbe Peitschenhiebe gezwungen werden darüber zu setzen. Kaum zwanzig Schritte entfernt lagen Steine in Menge. Ehe aber diese trägen Menschen einige Minuten darauf verwendet hätten, die Löcher damit auszufüllen, prügelten sie lieber die Pferde durch, und setzten sie der Gefahr aus, den Fuß zu brechen. – Mich dauerten die armen Thiere, die künftig noch über diese Brücke ziehen werden, so sehr, daß ich, als die Leute schon weit entfernt waren, einige Zeit meiner Rast dazu verwendete, Steine zu holen, und die Löcher damit auszufüllen, – eine Arbeit, die kaum fünfzehn Minuten währte.

Interessant ist es zu beobachten, wie die Pferde jede gefährliche Stelle im Steingerölle, im Moore und in Sümpfen durch den Instinkt errathen. Kommen sie an dergleichen Stellen, so senken sie den Kopf zur Erde und spüren nach allen Seiten umher. Finden sie keinen sichern Halt für den Fuß, bleiben sie gleich stehen, und sind dann nur mittelst vieler Schläge vorwärts zu bringen.

Nach einer Rast von zwei Stunden setzten wir die Reise fort, und zwar abermals über lauter Lavafelder. Nach neun Uhr Abends kamen wir auf eine Hochebene und nachdem wir sie in einer halben Stunde durchritten hatten, sahen wir in das große zu unsern Füssen liegende Thal Reikholt oder Reikiadal. Es ist drei, vier Meilen lang, ziemlich breit und von einer Reihe Gebirge umfaßt, worunter auch mehrere Jokuls in ihrem eisigen Gewande prangen.

Ein ganz eigener, bezaubernd schöner Anblick ist in der wilderhabenen Natur Islands der Sonnenuntergang. – Ueber diese großen Thäler, ohne Baum und Strauch, die mit dunkler Lava überdeckt und mit beinahe schwarzen Bergen umgeben sind, verbreitet die scheidende Sonne eine wahrhaft magische Beleuchtung. Die Spitzen der Berge erglänzen in ihrem letzten hellschimmernden Lichte, die Jokuls sind mit dem zartesten Rosaschleier umhüllt, während die untern Theile der Berge im tiefen Schatten stehen und düster in die Thäler blicken, die einem weiten dunkelblauen Wasserspiegel gleichen, über welchem eine bläulich-röthliche Atmosphäre schwebt. Am ergreifendsten aber ist die Stille, die Einsamkeit, da hört man keinen Laut, da sieht man kein lebendes Wesen. Alles ist todt. – – – In den weiten Thälern sieht man kein Städtchen, kein Dörfchen, ja nicht einmal ein Häuschen, oder einen Baum, oder einen Strauch. Das Auge verliert sich in der unermeßlichen Einförmigkeit, und findet nicht den geringsten Gegenstand, an dem es haften könnte.

Heute Nacht, als wir nach eilf Uhr an den Rand der

Hochebene gelangten, sah ich solch einen unvergeßlichen Sonnenuntergang. Die Sonne entschwand hinter den Bergen und an ihre Stelle trat eine glänzende Abendröthe, die Berg und Thal und Gletscher wundervoll beleuchtete. – Lange konnte ich mein Auge nicht ablenken von den herrlichen mit Glanz erfüllten Höhen und doch bot auch das Thal recht viel des Schönen und Merkwürdigen.

Das ganze lange Thal war beinah nur eine Wiese, an deren beiden äußersten Endpunkten Rauchsäulen aus kochenden Quellen empor qualmten. – Die Dünste waren so ziemlich verflogen und die Atmosphäre war so rein und klar, ja viel reiner und durchsichtiger, als sie mir noch irgend in einem andern Lande vorgekommen war; – da bemerkte ich erst, daß die Helle in dem Thale dem Tageslichte nicht viel nachgab, und daß man die kleinsten Gegenstände vollkommen unterscheiden konnte. – Dieß war aber auch sehr nothwendig, denn schreckliche Wege leiten über Gestein und Gerölle schroff in das Thal hinab. Und zur Seite strömte ein kleiner Fluß, der mehrere hübsche Fälle bildete, unter welchen mancher über 30 Fuß hoch sein mochte.

Vergebens strengte ich mein Auge an, um in diesem großen Thale ein Kirchlein zu erspähen, das mir zur Nachtruhe, wenn auch nur eine harte Bank, doch wenigstens Schutz gegen den scharfen Nachtwind verleihen würde; denn es ist wahrhaftig kein Spaß 15 Stunden zu reiten, außer Brod und Käs den ganzen Tag nichts genossen zu haben, und dann nicht einmal die frohe Aussicht auf ein Hôtel a la ville de Londre oder de Paris. – Ach meine Wünsche waren ja viel bescheidener; ich erwartete weder einen Portier, der bei meiner Ankunft das Zeichen gäbe, noch einen Oberkellner oder eine Kammerjungfer; – ich wünschte nur ein kleines Fleckchen in der Nähe meiner lieben verstorbenen Isländer. – Aus diesen seligen Betrachtungen wurde ich plötzlich durch die Stimme meines

Führers aufgeschreckt, der da rief: »Nun sind wir für heute am Ziele« – Freudig sah ich umher, – ach – ich erblickte nur einige jener Kothen, die man nicht früher bemerken kann, als bis man mit der Nase daran stößt, weil sich ihre grasbedeckten Mauern und Dächer kaum von der Wiese unterscheiden. Es war bereits Mitternacht. – Wir hielten an, und ließen die Pferde auf der nächsten Wiese Nahrung und Ruhe suchen. Uns fiel das Loos nicht so gut. Die Einwohner lagen bereits im tiefen Schlummer, und wurden selbst durch der Hunde Gebell, das uns bei der Ankunft empfing, nicht zur Auferstehung gebracht. – Freilich würde mir ein Schälchen Kaffee recht gut gethan haben, doch ich mochte deßhalb Niemanden wecken lassen. Ein Stückchen Brod stillte ja auch meinen Hunger, und ein Trunk Wasser aus der nahen Quelle schmeckte trefflich dazu. Nach diesem einfachen Mahle sucht' ich mir ein Lager an der Seite einer Kothe, die mich vor der gar zu argen Zudringlichkeit des Windes ein bischen schützte, hüllte mich in meinen Mantel, streckte mich auf den Boden, und wünschte mir von ganzem Herzen, einmal auch im Freien, und bei hellem Tage[9] tüchtig schlafen und träumen zu können. Ich fing gerade an einzuschlummern, da überraschte mich ein sanfter Regen, der natürlich jede Spur des Schlafes vertilgte. Nun mußte ich doch Jemanden wecken lassen, um unter Dach und Fach zu kommen.

Man sperrte mir das beste Gemach, die Vorrathskammer auf, und stellte da eine kleine hölzerne Truhe zu meiner beliebigen Verfügung. Dergleichen Kammern finden sich glücklicher Weise überall, wo einige Kothen beisammen stehen; doch sind sie nichts weniger als einladend, da die getrockneten Fische, Thran, Talg, und weiß der Himmel was noch für andere Artikel eine schreckliche Atmosphäre verursachen, – und dennoch ziehe ich sie bei weitem den Wohngemächern der Bauern vor, die, nebenbei gesagt, das

Ekelhafteste sind, was man sich denken kann. Nebst allen denkbaren üblen Gerüchen herrscht da ein Schmutz, und in Folge dessen ein Ueberfluß an Ungeziefer, daß es höchstens bei den Grön- und Lappländern noch ärger sein kann.

Ich bezog also mit stoischer Ergebung die Vorrathskammer, und harrte geduldig aus bis zur Weiterreise.

18. Juni.

Gestern waren wir gezwungen gewesen, unsern armen Pferden eine übergroße Station von eilf Meilen aufzubürden, da die letzten neun Meilen über ganz wüste und unbewohnte Strecken gingen, und wir auf keine einzige Kothe trafen. Dafür hatten sie es aber heute desto leichter, denn wir ritten nur anderthalb Meilen nach dem Oertchen Reikiadal, wo ich diesen Tag zubrachte, um die berühmten Springquellen zu besuchen.

Das Oertchen Reikiadal besteht aus einer Kirche und einigen Kothen, und liegt mitten zwischen schönen Wiesen. Ueberhaupt ist dieses Thal reich an herrlichen Wiesengründen, man sieht daher auch viel einzeln stehende Höfe und Kothen, schöne Heerden von Schafen, und ziemlich viele Pferde; Kühe weniger.

Die Kirche zu Reikiadal ist eine der neuesten und geräumigsten, die mir bisher vorgekommen ist. Auch das Häuschen des Priesters, obwohl auch von allen Seiten mit Rasen bedeckt, ist doch groß genug, um behaglich darin wohnen zu können. – Der Bezirk dieser Pfründe ist groß, und ziemlich bevölkert.

Meine erste Sorge gleich nach der Ankunft war, den Priester, Herrn Jonas Jonason, zu ersuchen, mir so schnell als möglich frische Pferde zu besorgen, nebst einem Führer, der mich nach den heißen Quellen geleitete. – Er versprach, in einer halben Stunde mir Beides zu verschaffen, doch sah ich erst nach drei Stunden, und auch da noch mit vieler Mühe, meine Bitte erfüllt. – Nichts ärgerte mich stets mehr in Island, als die Langsamkeit und Gleichgiltigkeit seiner Bewohner in all ihrem Thun und Treiben. Auf Alles, was man begehrt oder wünscht, muß man die längste Zeit warten. – Wäre ich dem guten Pastor nicht unausgesetzt zur Seite gewesen, ich glaube schwerlich, daß ich diesen Tag mein Ziel erreicht haben würde. – Endlich war Alles bereit, und der Pastor selbst war so gütig mein Führer zu sein.

Wir ritten bei ¾ Meilen in diesem schönen Thale den Dampfsäulen zu, und mußten auf diesem Wege gewiß mehr als ein halb Dutzend Mal über den Fluß Sidumule setzen, der in unendlichen Krümmungen das ganze Thal durchströmt. Endlich gelangten wir an die erste heiße Springquelle; sie entspringt einem ungefähr sechs Fuß hohen Fels, der in der Mitte eines Moores steht. Der Durchmesser der obern Oeffnung des Kessels, in welchem das Wasser beständig heftig kocht und braust, mag zwischen zwei und drei Fuß betragen. – Diese Quelle springt beständig; der Strahl erhebt sich zwei, ja manchmal bei vier Fuß hoch, und ist ungefähr anderthalb Fuß dick. Man kann ihn auch auf Augenblicke verstärken, wenn man große Steine oder Erdklumpen hinein wirft, und die Quelle dadurch aufreizt. Sie schleudert dann die Steine mit Gewalt heraus, während sie die Erdklumpen auflöst, und das Wasser dadurch gefärbt und beschmutzt erscheint.

Wer den Sprudel zu Karlsbad in Böhmen gesehen hat, kann sich eine getreue Vorstellung von dieser Springquelle machen; sie gleichen sich vollkommen.

Gleich neben dieser Springquelle ist ein Schlund, in

welchem Wasser heftig kocht, aber nie in die Höhe steigt. Weitere Springquellen sind etwas entfernter, auf einem höhern Fels, der im Fluße Sidumule ganz nahe am Ufer steht. Es sind deren dreie darauf, deren jede nur einige Schritte von der andern entfernt liegt, und nehmen beinahe die ganze obere Fläche des Felsens ein. Etwas tiefer unten befindet sich ebenfalls ein Kessel mit stark kochendem Wasser; auch sind am Fuße des Felsens und am Ufer viele heiße Quellen, die meisten jedoch nur unbedeutend. Manche dieser Quellen entspringen beinah in dem kalten Fluße.

Die eigentliche Hauptgruppe liegt aber noch etwas entfernter auf einem Fels, der bei zwanzig Fuß hoch und bei fünfzig Fuß lang sein mag, Tunga-Huer heißt, und aus der Mitte eines Moorgrundes empor ragt. – Auf diesem Fels entspringen 16 solcher Quellen, und zwar, theils in der Tiefe desselben, theils in und ober der Mitte; ganz oben entspringt keine.

Die Kessel, so wie der Durchmesser und die Höhe der Strahlen sind ganz so beschaffen, wie bei jenen, die ich bereits beschrieben habe. – Alle diese 16 Quellen sind so nahe beisammen, daß sie nicht einmal zwei Wände des Felsens einnehmen. – Man kann sich durchaus keine Vorstellung von der Pracht und Außerordentlichkeit dieses Schauspieles machen; wahrhaft feenartig wird es aber, wenn man den Muth hat, den Fels selbst zu erklimmen, was zwar nicht beschwerlich, aber doch etwas gefährlich ist. – Die obere Schichte des Felsens ist nämlich weich und warm, und gleicht mehr einem verdichteten mit Sand und Steinchen vermischten Brodem. Jeder Fußtritt läßt die Spur zurück, und man schwebt immer in der größten Angst einzubrechen und in eine nur leicht überdeckte kochende Quelle zu sinken. Der gute Priester ging mit einem Stocke voran, und sondirte so viel möglich die gefährliche Decke, ich – blieb nicht zurück, und so standen wir plötzlich oben am Rande des Felsens. – Da konnten wir mit einem Blicke die an den beiden Seiten des Felsens befindlichen 16 Springquellen übersehen. – War der Anblick von unten aus einer der interessantesten und merkwürdigsten, – wie soll ich erst diesen nennen? – Sechzehn Wasserspeier mit einem Blicke überschauen, sechzehn Kessel, in den verschiedensten Gestalten und Formen, so ganz nahe unter den Füßen aufgedeckt zu sehen – – das war des Wundervollen zu viel. – Ich vergaß aller kleinlichen Furcht, und bewunderte und verehrte Gott in diesen erhabenen Schöpfungen. Lange stand ich da oben, und ward nicht müde in die Schlünde zu sehen, und in die weißschäumenden Wassermassen, wie sie zischend und brausend der finstern Nacht entstiegen, und dann ruhig und vereint dem nahen Fluße zueilten. – Wohl mehrmalen mußte mich der gute Priester mahnen, daß unser Standpunkt hier eben nicht zu den sichersten und bequemsten gehöre, und daß es bereits Zeit sein dürfte, ihn zu verlassen. – Ich hatte ganz vergessen auf die Unsicherheit des Bodens, der uns trug, und bemerkte kaum die mächtigen, heißen Dampfwolken, die uns oft umhüllten, und beinah zu ersticken drohten, so daß wir auch öfters mit ganz benäßtem Gesichte mehrere Schritte zurück weichen mußten. Ein Glück, daß die Wässer äußerst wenig Schwefel enthalten, sonst hätten wir wohl schwerlich so lange da oben verweilen können.

Der Fels, auf welchem diese Quellen entspringen, besteht aus einer röthlichen Masse, und auch das Flußbett, in welches das Wasser abläuft, ist ganz mit röthlichen Steinchen bedeckt.

Auf dem Rückwege sahen wir in der Nähe einer Kothe abermals eine merkwürdige Naturerscheinung. – Es ist da nämlich ein Kessel, in dessen Tiefe das Wasser heftig kocht und siedet, und neben dem Kessel sind zwei unförmliche Löcher, aus welchen periodenmäßig Dampfsäulen mit großem Getöse empor wirbeln. Während dieß geschieht, füllt sich der Kessel immer mehr und mehr mit Wasser, doch nie so hoch, daß er überläuft, oder daß die Quelle in die Höhe springt; dann läßt Dampf und Getöse in jenen beiden Oeffnungen nach, und das Wasser im Kessel sinkt wieder mehrere Fuß tief zurück.

Dieß seltsame Spiel währt gewöhnlich eine Minute, und es erneuert sich so periodisch, daß man beinah eine Wette eingehen könnte, das Steigen und Fallen des Wassers, so wie das stärkere und mindere Brausen des Dampfes während einer Stunde 60-65 Mal zu sehen und zu hören.

In Verbindung mit diesem Kessel steht ein anderer, der ungefähr hundert Schritte entfernt in einer kleinen Niederung liegt, und ebenfalls mit kochendem Wasser angefüllt ist. – Wie nun das Wasser im obern Kessel nach und nach versiegt, fängt es hier unten an zu brausen und zu lärmen, steigt im Kessel empor, und springt endlich zwei bis drei Fuß hoch in die Luft; dann sinkt es wieder zurück und erneuert so fortwährend sein Spiel, stets wechselnd mit dem im obern Kessel.

Bei der obern Quelle befindet sich auch ein Dunstbad. Es besteht aus einem Kämmerchen, das knapp an dem Kessel liegt, aus Steinen gebaut, mit Rasen überlegt und mit einer niedrigen schmalen Oeffnung versehen ist, durch die man halb kriechend hinein gelangt. Der Boden besteht aus Steinplatten, die vermuthlich über einer heißen Quelle liegen, denn sie sind sehr erhitzt. – Wer nun dieses Bad gebrauchen will, begibt sich in dieß Kämmerchen, und verschließt sorgfältig jede Oeffnung, wodurch sich bald eine erstickende Hitze erzeugt, die den ganzen Körper in heftigen Schweiß bringt. Dieß Bad wird jedoch höchst selten von dem Volke benützt.

Bei der Rückkehr hatte ich noch den Kessel mit der

Springquelle zu besuchen, die ganz nahe an der Kirche in einer schönen Wiese sich befindet, und um die eine kleine Steinwand gezogen ist, damit das Vieh im Eifer des Grasens nicht zu nahe kömmt, und abgebrüht wird. – Ungefähr 80 Schritte von dieser Quelle entfernt ist noch das Wollbad zu sehen, welches **Snorri Sturluson** errichtet hatte. – Es besteht aus einem steinernen Becken von 3-4 Fuß Tiefe und bei 18-20 Fuß im Durchmesser. Einige Stufen führen da hinab, und im Innern ist eine niedere steinerne Bank, welche rund herum läuft. Das Wasser ist von der nahen Springquelle hergeleitet, hat aber noch eine solche Hitze, daß es unmöglich ist, sich darin zu baden, ohne es abzukühlen. – Es steht unter freiem Himmel, und man sieht nirgends eine Spur einer einstmaligen Ueberdeckung. – – Jetzt dient es als Waschplatz für die Schafwolle und Wäsche.

Ich hatte nun alle merkwürdigen Quellen auf dieser Seite des Thales gesehen. – Jene Dampfsäulen, welche man am entgegengesetzten Ende des Thales aufsteigen sieht, kommen von heißen Quellen, die außer ihrer Hitze nichts Interessantes bieten sollen.

Als wir zurückkehrten, führte mich der Priester auch auf den Friedhof, der etwas abseits von seiner Wohnung lag, und wies mir da die vorzüglichsten Gräber. Ich fand diesen Anblick zwar recht schön, aber eben nicht sehr erquicklich, wenn ich an die herannahende Nacht dachte, die ich in ihrer Mitte, in der Kirche zuzubringen hatte.

Die Grabeshügel sind sehr hoch, und auf den meisten steht eine Art hölzernen Sarges, so, daß es aussieht, als wäre der Verstorbene hier ausgesetzt. – Ich konnte mich kaum eines unheimlichen Gefühles erwehren, und – so weit geht die Macht des Vorurtheils – ich gestehe meine Schwäche – wurde sogar verleitet, den Priester zu ersuchen, einen der Deckel zu öffnen. – Obwohl ich wußte, daß der Todte tief in der Erde und nicht im Sarge ruhe, stand ich dennoch während der Zeit als der Deckel geöffnet wurde, mit großer Beklommenheit daneben, glaubte den Todten zu erblicken, und sah nur, – was mir der Priester schon vorher gesagt hatte, – einen Grabstein mit den üblichen Inschriften, der durch diese sargähnliche Bedeckung gegen die Winterstürme der rauhen Natur geschützt wird.

Unmittelbar vor dem Eingange der Kirche ist der Grabeshügel, unter welchem die Gebeine des berühmten Dichters Snorri Sturluson[10] ruhen; sein Grab ist mit einem schmalen Runensteine bedeckt, der so lange ist, wie das Grab. Er soll einst ganz mit Runenzeichen bedeckt gewesen sein; nun gingen aber über ihn durch mehr als 500 Jahre alle Stürme und Gewitter, und diese verlöschten, da er in keinem Sarg lag, jede Spur davon. – Auch der Stein selbst ist der Länge nach in zwei Stücke zersprungen. – Der Grabeshügel wird oft erneuert, so daß man glauben konnte, ein frisches Grab vor sich zu haben. – Ich pflückte alle Schmalzblümchen, die diesem Hügel entsprossen, und legte sie sorgfältig in ein Buch. – Vielleicht kann ich manchem meiner Landsleute eine Freude machen, mit solch einem Blümchen von dem Grabe des größten isländischen Gelehrten.

19. Juni

Um meine Reise ungehindert fortsetzen zu können, miethete ich frische Pferde, und ließ die meinigen, die noch etwas ermüdet waren, leer mitgehen. – Der Zweck dieses ferneren Ausfluges war, die höchst merkwürdige Höhle Surthellir zu besuchen, welche von hier gute sieben Meilen entfernt ist. Der Priester war abermal so gütig für Alles zu sorgen, und selbst meinen Mentor dahin zu machen.

Wir zogen, zwar nur drei Köpfe stark, doch mit sieben Pferden von dannen, und ritten bei zwei Meilen denselben Weg zurück, den ich gestern früh von Reikholt gekommen war; dann aber wendeten wir uns links und gelangten über Hügel und Höhen in andere Thäler, die theils von den schönsten Lavaströmen durchzogen, theils mit herrlichen Waldpartieen – natürlich, wie bereits gesagt, nur nach Isländer Meinung – bedeckt waren. – Ja, die einzelnen Stämmchen dieser magern Gestrüppe waren sogar noch etwas höher als jene im Thale Thingvalla.

Zu Kalmannstunga ließen wir die leeren Pferde zurück, und nahmen einen Mann, der uns als Führer in der Höhle dienen sollte, zu welcher wir nun noch anderthalb Meilen zu reiten hatten. Das große Thal, in welchem diese Höhle liegt, gehört zu den merkwürdigsten von Island. – Es ist ein vorzügliches Bild vulkanischer Zerstörung. – Die schönsten Lavamassen, in den pittoreskesten Formen und in allen Farben, füllen das ganze unübersehbare Thal aus. Da sieht man die Lava in glasigem krausen Zustande, und die herrlichsten Zeichnungen und Arabesken bildend, oder in ungeheuern Platten, die theils einzeln liegen, theils wie aufgeschwemmt übereinander geschichtet sind, und dazwischen thürmen sich große mächtige Ströme, die mitten im Laufe erstarrt sein mußten. – Man kann aus den verschiedenen Farben der Lava, aus ihren Uebergängen vom lichtgrauen bis zum schwarzen, die zu verschiedener Zeit stattgehabten Ausbrüche erkennen. – Die das Thal umgebenden Berge sind größtentheils von dunkler Farbe, manche sogar schwarz, was gar mächtig absticht gegen die nachbarlichen Jokul's, die in ihrer weiten Ausdehnung beinahe das Bild eines Eismeeres darstellen. – Einen dieser Jokuls fand ich gar besonders groß; seine glänzende Decke zog sich tief gegen das Thal hinab, und seine obere Fläche war kaum übersehbar. – Was die Form der andern Berge betrifft, so sind sie auch glatt, ordentlich wie gemeißelt, und ich sah im Vordergrund nur einen, mit den wunderlichsten Gruppen und Auswüchsen erstarrter Lava bedeckt. – Auf der ganzen Umgebung, auf Thal und Bergen lastete Todtenstille; Alles war ausgestorben, Alles öde und kahl, und somit ächt isländisch. – Den größten Theil von Island könnte man füglich die nordische Wüste nennen.

Die Höhle Surthellir liegt auf einer etwas erhöhten ausgedehnten Ebene, wo man sie wahrlich nicht suchen würde, da man gewohnt ist, dergleichen Naturerscheinungen in den Eingeweiden der Berge zu finden. Man ist daher sehr überrascht plötzlich vor einem weiten, rundlichen Becken zu stehen, das ungefähr 15 Klafter im Durchmesser und 4 Klafter in der Tiefe haben mag, und aufgedeckt zu den Füßen liegt. Grausig war's, da hinab zu schauen auf die zahllosen übereinander gethürmten Felsblöcke, die von einer Seite bis an den Rand des Beckens reichten, und über welche der Weg hinab in die weiter fortlaufenden finstern Schluchten leitete.

Auf Händen und Füßen mußten wir da hinunterklettern, bis wir in einen breiten langen Gang kamen, der sich anfangs unmerklich abwärts neigte, und dann fortlief unter der Ebene, die sich als Felsdecke über unsern Häuptern wölbte. Ich schätze die verschiedenen Höhen der Decke von mindestens 3 bis zu 10 Klafter, zu welcher letztern Höhe sie sich jedoch selten empor hebt. Decke und Wände sind theilweise sehr spitzig und rauh, eine Folge des Tropfsteines, der sich an sie ansetzt, jedoch, ohne Figuren oder lange Spitzen und Zacken zu bilden.

Von diesem Hauptgange führen verschiedene Nebenwege weit und breit in die Eingeweide dieser Steinregion; sie stehen aber unter einander nicht in Verbindung, und man muß von jedem Seitenpfade wieder zum Hauptgange zurückkehren. Manche dieser Nebengänge sind kurz, schmal und niedrig, doch gibt es auch lange, breite und hohe.

In einem der entlegensten dieser Nebengänge zeigte man mir eine große Menge Gebeine, die von geschlachteten Schafen und andern Thieren sein sollten. So viel ich der Erzählung des Priesters entnehmen konnte, sagt die Sage, daß da einst vor langen Jahren der Aufenthalt einer mächtigen Räuberhorde gewesen sei. – Es müssen wohl lange, lange Zeiträume seither verflossen sein, da man sich nur Fabeln und Sagen davon erzählt.

Ich wüßte nicht, was Räuber in Island gethan hätten; Piraten kamen wohl öfters dahin; für diese war aber diese Gegend zu weit von der See entfernt. – Ich könnte mir nicht einmal denken, daß es Raubthiere gewesen seien; denn weit und breit ist ja die Gegend öde und unbewohnt, wie gesagt – eine Wüste – da hätten sie nicht einmal etwas zu rauben gefunden. – Kurz, ich überdachte alles Mögliche, und kann nur sagen, daß mir dieß eine höchst sonderbare Erscheinung dünkte, in dieser Einöde, so weit von allem Leben entfernt, eine solche Menge Beine gesehen zu haben, die noch dazu so frisch aussahen, als wären die armen Thiere erst kürzlich verspeiset worden. Leider konnte ich das Wahre der Sache nicht ergründen.

Es kann nicht leicht etwas Beschwerlicheres geben, als in dieser Höhle herum zu wandeln. So, wie sie sich uns beim ersten Anblick zeigte, so ging es im Hauptgange fort und fort. Die ganze Bahn bestand aus losen, über einander geworfenen großen Lavatrümmern, über welche wir höchst mühsam klettern mußten. Keiner konnte dem Andern helfen; Jeder hatte mit sich selbst genug zu thun. Da war nicht ein Fleckchen zu finden, wohin man den Fuß hätte setzen können, ohne sich mit den Händen anzuklammern.

Oft mußten wir uns auf die Steine setzen, und so auf die Füße hinab lassen, oft uns zusammenhalten, um uns gegenseitig auf die gar zu hohen Steine hinauf zu ziehen, u. s. w.

Wir kamen noch zu einigen ungeheuren Becken oder Kratern, die sich über uns öffneten, jedoch nicht zu ersteigen waren, da die Wände zu schroff hinauf gingen. Das Licht, das durch diese Becken herein fiel, war nicht einmal für den Haupteingang hinreichend, viel weniger für die vielen Nebengänge.

Ich hatte zu Kalmannstunga Fackeln anschaffen wollen, mußte aber froh sein, einige Kerzen erhalten zu können, mit Fackeln muß man sich gleich in Reikjavik versehen.

An den Stellen, über die sich die Becken öffneten lag noch ziemlich viel Schnee, der das Gehen sehr gefährlich machte. Wir sanken oft ein, und kamen mit den Füßen zwischen die Steine, so, daß wir uns kaum zu erhalten vermochten. – In den Nebengängen, die sich unweit solcher Becken befanden, hatten sich Eisrinden gebildet, die mit Wasser überdeckt waren, tiefer hinein hörte das Eis zwar auf, dagegen war es aber meist sehr schmutzig, da statt der Steine eine Schichte Sand lag, die sich mit dem Wasser vermischt hatte.

Mit Lavablöcken war nur der Hauptgang bedeckt, in den übrigen gab es nur Sandschichten oder Lava-Gerölle.

Einen schönen Anblick gewährte die magische Sonnenbeleuchtung, die durch eines dieser Becken in die Höhle strahlte. Die Sonne schien senkrecht durch die Oeffnung, verbreitete einen wundervoll blendenden Schimmer über den Schnee, und bildete einen zarten, färbigen Schein um unsere Köpfe.

Von besonderer Wirkung war dieser helle Lichtpunkt, als

Gegensatz zu den beiden finstern Schlünden, aus deren einem wir gekommen waren, um in dem Dunkel des andern unsere Wanderung wieder fortzusetzen.

Dieses unterirdische Labirinth soll sich mehrere Meilen weit in verschiedenen Richtungen erstrecken. Wir durchzogen nur einen Theil des Hauptganges und mehrere Nebengänge, und kehrten nach zwei Stunden, recht ermüdet, in die Oberwelt zurück. Da machten wir eine halbe Stunde Rast, und ritten dann im scharfen Trapp die anderthalb Meilen nach Kalmannstunga zurück.

Leider besitze ich keine geognostischen Kenntnisse, um behaupten zu können, daß diese Höhle ein ausgebrannter Vulkan sei. Wenn man sich aber in einem Lande befindet, wo jeder Hügel und Berg, Alles was man sieht, aus nichts als Lava besteht, so wird auch der Laie die Oeffnungen zu entdecken suchen, aus welchen sich diese ungeheure Massen ergoßen. Da betrachtet man neugierig jede Spitze der Berge, und glaubt überall einen Krater sehen zu müssen, findet aber Berg und Thal glatt und geschlossen. Wie froh ist man daher nicht, in dieser Höhle dem Dinge doch ein bischen auf die Spur zu kommen! Ich wenigstens träumte, hier in der einstigen Feuerstädte eines nun ausgebrannten Vulkans zu wandeln, denn Alles was ich sah, die aufgehäuften Steinmassen unter meinen Füßen, so wie die gewaltige Decke und die Becken oder Krater über mir – Alles war Lava. – Ob ich recht habe, weiß ich nicht; ich spreche nur nach meinen Begriffen und nach meinen Ansichten.

Diese Nacht mußte ich in einer Kothe zubringen; das Oertchen Kalmannstunga zählt deren drei, aber keine Kirche. – Zum Glück war eine der Kothen etwas größer und reinlicher, als die gewöhnlichen; es war schon eine Art sogenannter Hof. Auch waren die Leute so aufmerksam, während der Zeit, als ich nach der Höhe ritt, das beste

Gemach zu säubern, und zu meinem Empfange mit möglichster Sorgfalt herzurichten. – Dieses Kämmerchen hatte 11 Fuß in der Länge und 7 in der Breite; das Fenster war so klein und verschmutzt, daß ich, obwohl die Sonne noch in voller Pracht erglänzte, kaum zum Schreiben sah. – Die Wände, ja selbst der Fußboden waren mit Holz getäfelt, der höchste Luxus in diesem von Holz so entblößten Lande. Die Einrichtung bestand aus einem breiten Bette, zwei Truhen und einem kleinen Tischchen. Stühle oder Bänke sind den isländischen Bauern eine terra incognita; sie sitzen auf den Betten oder Truhen; auch wüßte ich wirklich nicht, wo in einer solchen Kammer ein derlei Möbel Platz fände.

Meine Hausfrau, die Wittwe eines wohlhabenden Bauern, stellte mir ihre vier Kinder vor, die recht hübsch und sehr nett gekleidet waren. Ich bat die Mutter mir die Namen der Kleinen zu sagen, damit ich doch auch einige isländische Namen in meinem Vaterlande zu nennen wüßte. Sie war über diese meine Bitte sehr erfreut, und nannte sie mir, wie folgt: Sigridur, Gudrun, Ingebör und Lars.

Ich würde mich da recht behaglich gefunden haben, indem ich gewohnt bin, Entbehrungen jeder Art mit Gleichmuth zu ertragen, hätte man mich nur allein gelassen. Aber man stelle sich mein Entsetzen vor, als nach und nach alle Inwohner, sowohl dieser, als auch der andern Kothen zu mir herein drangen, und sich theils im Gemache, theils vor demselben an der Thüre aufpflanzten und mich da noch viel enger umlagert hielten, als zu Krisuvik. – Ich war diesen guten Leuten eine gar zu neue Erscheinung, und da kamen sie und gafften mich an; – und erst die Frauen und Kinder, die waren gar sehr zutraulich, sie betasteten meinen ganzen Anzug, und die Kleinen legten sogar ihre beschmutzten Gesichtchen auf meinen Schooß. Dazu die Ausdünstung dieser Menschen, ihre schreckliche Unreinlichkeit, ihr beständiges Schnauben ohne Sacktuch, ihr immerwährendes Umsichspucken – – ach, es war wirklich furchtbar! – Ich that und erlitt durch diese Besuche mehr Buße, als durch das längste Fasten, – und doch blieb auch dieses nur selten aus, indem ich die meisten ihrer Gerichte nicht genießen konnte. – Die Kochkunst der isländischen Bauern umfaßt aber auch nichts als – trockene Fische; dazu genießen sie gegohrne Milch, die oft Monate alt ist, – höchst selten gekochte Grütze und dazu Flachbrod, gebacken aus fein geriebenem isländischen Moos.

Merkwürdig kam es mir vor, daß die meisten dieser Leute bei mir eine Menge Kenntnisse voraussetzten, die sonst nur den Männern eigen sind; wahrscheinlich glaubten sie, im Auslande seien die Frauen so gelehrt wie die Herren. – Die Priester fragten mich z. B. stets, ob ich lateinisch spräche, und schienen sehr verwundert, diese Kenntniß nicht bei mir zu finden. – Die gemeinen Leute baten mich um Rath für dieß oder jenes Uebel; – ja einmal, als ich auf meinen einsamen Wanderungen um Reikjavik in eine Kothe trat, führte man mir sogar ein Wesen vor, das ich kaum für ein Geschöpf meines Gleichen gehalten hätte; – so war es durch den Ausschlag Lepra entstellt. Nicht nur das Gesicht, sondern auch der ganze Körper war damit behaftet; Letzterer war ganz abgezehrt, und an manchen Stellen mit Beulen bedeckt. – Für einen Arzt wäre dieß sicherlich ein höchst interessantes Exemplar gewesen; jedoch ich wandte mit Entsetzen meinen Blick davon ab.

Doch hinweg von diesem Bilde! – da will ich lieber mit dem Engelsköpfchen kosen, das ich in Kalmannstunga sah. Es war ein Mädchen von 10-12 Jahren, so über alle Beschreibung anmuthig, lieb und schön, daß ich gewünscht hätte eine Malerin zu sein. Das zarte Gesichtchen mit dem schelmischen Grübchen, und den sprechenden Augen, würde ich gar zu gerne, wenigstens auf der Leinwand, mit in mein Vaterland gebracht haben. Vielleicht ist es aber so besser; das Bild könnte durch einen malitiösen Zufall in die Hände eines gar zu gefühlvollen Jünglings gerathen, und der würde dann gleich – wie Don Sylvio de Rosalva, in Wielands »komischem Romane« – die halbe Welt durchziehen, um dieß bezaubernde Köpfchen auch in Wirklichkeit zu finden. Nach Island aber würde ihn sein Forschungsgeist wahrscheinlich doch nicht führen, indem man da eine solche Erscheinung gar nicht vermuthen könnte, und da wäre denn der arme Unglückliche zu einer ewigen Wanderung verurtheilt.

20. Juni.

Die Reise von Kalmannstunga nach Thingvalla beträgt 11 Meilen und ist gewiß eine der schrecklichsten und beschwerlichsten, die man in Island machen kann. Von einem öden Thale kömmt man in das andere; stets ist man von hohen Bergen und noch höhern Jokuln umschlossen, und wo man den Blick hinwendet, begegnet man einer todten erstarrten Natur. – Aengstliches Unbehagen bemächtiget sich des Wanderers, er durchirrt mit doppelter Hast die ausgebreiteten Wüsteneien, und ersteigt begierig die vor ihm aufgethürmten Berge, – da hofft er Besseres zu sehen; – vergebens; – dieselbe Oede, – dieselben Wüsten, – dieselben Berge.

Auf den Hochebenen waren noch viele Stellen mit Schnee bedeckt; da mußten wir hinüber, obwohl wir oft unter dem Schnee das Rauschen des Wassers hörten. Auch über Eisrinden mußten wir, die zart und dünn über Flüsse gespannt waren, und jene lichtblaue Farbe hatten, die das Zeichen der Gefahr ist.

Unsere armen Pferde sträubten sich wohl oft dagegen; aber das half nichts, sie wurden so lange durch Schläge angetrieben, bis sie uns hinüber trugen. Das Packpferd wurde immer voran geprügelt, es mußte die Bahn versuchen, und uns als Führer dienen. Ihm folgte mein Führer, und zum Schluße kam ich. – Häufig sanken die armen Thiere bis über die Kniee in den Schnee, ja zweimal sanken sie bis über den Bauch ein. – Es war dieß einer der gefährlichsten Wege, die ich noch je gemacht habe. – Mein steter Gedanke dabei war, was ich wohl thun würde, wenn mein Führer so tief einsänke, daß er sich nicht mehr heraus helfen könnte. – Meine Kräfte würden schwerlich hingereicht haben ihn zu retten, und wohin hätte ich mich wenden sollen, um Hilfe zu suchen? – Rings umher war nichts als Wüste und Schnee. Mir wäre dann vielleicht der Hungertod als Loos zugefallen. Ich wäre herum geirrt, hätte Wohnungen und Menschen gesucht, und mich dabei so in das Innere der Wüsteneien verloren, daß ich wohl nie wieder heraus gefunden hätte. –

Wenn ich so ein Schneefeld schon von weitem entdeckte, was leider nur zu oft geschah, ward mir gar wunderlich zu Muthe; nur der kann meine Angst ermessen, der sich je selbst in einer ähnlichen Lage befand. –

Wäre ich in einer größern Gesellschaft gewesen, würde ich diese Furcht nicht gekannt haben; da kann man sich doch gegenseitig helfen, und durch dieß Bewußtsein erscheint die Gefahr viel geringer.

Dieser Weg wird aber auch in der Zeit, wo der Schnee schon keine sichere Decke mehr bildet, nur sehr wenig benützt. Wir sahen nirgends eine Spur von Fußtritten, weder von Menschen noch von Thieren; wir waren die einzigen lebenden Wesen, die diese wahrhaft gräuliche Gegend durchzogen. Freilich zankte ich meinen Führer tüchtig aus, mich einen solchen Weg geführt zu haben; aber was half es? – Das Umkehren wäre so gefährlich gewesen, als das Weiterziehen. –

Noch beschwerlicher wurde diese Tour durch den Wechsel der Witterung, die mich bisher so ziemlich begünstigt hatte. Schon als wir Kalmannstunga verließen, fing der Himmel an, sich zu trüben, und die Sonne beglückte uns nur auf Augenblicke mit einigen Strahlen. Noch schlechter war es, als wir auf die höhern Bergen gelangten; da zogen uns Wolken und Nebel entgegen, ließen ihre Wuth über uns ergehen, und zogen nur weiter um wieder andern Platz zu machen. Ein eisiger Sturm von den nahen Gletschern war ihr steter Begleiter, der mich dermaßen durchschüttelte, daß ich mich kaum auf dem Pferde erhalten konnte. – Wir waren schon über 13 Stunden geritten. Der Regen strömte unaufhörlich, und Nässe und Kälte hatten uns halb erstarrt gemacht; da beschloß ich an der ersten Kothe zu halten, – die fanden wir endlich eine halbe Meile von Thingvalla. Nun war ich zwar unter einem Dache, aber weiter war auch nichts gewonnen. Die Kothe bestand aus einem einzigen Gemache, und das war von vier breiten Betten beinah ganz eingenommen. Ich zählte sieben Erwachsene und drei Kinder, die Alle in diesen vier Betten untergebracht werden mußten. – Zudem herrschte in diesem Frühjahre die Kvef, eine Art Grippe, welcher fast Niemand entging. Ich fand beinah überall, also auch hier, die meisten Menschen damit befallen; das war von allen Seiten ein Husten und Aechzen zum Erbarmen. Der Fußboden war vom Auswurfe aus Mund und Nase so überdeckt, daß man ordentlich ausglitt.

Diese armen Leute waren so gut, mir gleich eines ihrer Betten überlassen zu wollen, aber lieber hätte ich die ganze Nacht an der Schwelle des Hauses gesessen, als sie in diesem ekelhaften Loche zugebracht. Ich wählte zu meinem Nachtquartiere den engen Gang, welcher die Küche vom Zimmer trennte; da fand ich ein paar Pflöcke, über welche einige Bretter lagen, die die Milchkammer bildeten, – eigentlich war es aber eine Rauchkammer, denn in der Höhe befanden sich einige Luftlöcher, durch welche der Rauch seinen Auszug hielt. – In dieser Milch- oder Rauchkammer, wie man sie nennen will, richtete ich mich ein, um die Nacht zu verkümmern. Meinen durchnäßten Mantel hatte ich auf eine Stange hängen müssen, und so war ich gezwungen, von diesen halb kranken Leuten einen Kotzen zu borgen. Getrost legte ich mich darauf, und stellte mich schläfrig, um mich von der Gegenwart meiner neugierigen Wirthe zu befreien. – Sie zogen sich in ihr Zimmer zurück, und ich war nun allein und ungestört. Aber schlafen konnte ich doch nicht; – Kälte und Wind, welche durch die Zuglöcher auf mich, die ohnehin noch ganz Erfrorne und Durchnäßte, eindrangen, hielten mich wider Willen wach. – Dazu gesellte sich noch ein anderes Unglück. – So oft ich mich aus meinem stattlichen Lager aufsetzen wollte, bekam mein armer Kopf einen derben Stoß. – Ich vergaß nämlich die Stangen, die auf jedem Vorplatze gezogen sind, um die Fische zu räuchern u. s. w. Leider merkte ich mir diese Einrichtung erst, nachdem ich schon ein halb Dutzend Kopfstücke erhalten hatte.

21. Juni.

Endlich erschien die lang erseufzte Morgenstunde; – es regnete zwar nicht mehr, allein die Wolken hingen noch an den Bergen, und verhießen einen baldigen Herabsturz; ich beschloß jedoch mich lieber ihrer Wuth Preis zu gehen, als noch länger in dieser Kothe zu verweilen, und ließ die Pferde satteln.

Vor der Abreise setzte man mir noch Lammsbraten und Butter auf. Ich dankte dafür und nahm Nichts, indem ich mich mit Mangel an Eßlust entschuldigte, was auch wirklich der Fall war, denn wenn ich diese schmutzigen Menschen nur ansah, war mir schon aller Appetit vergangen. – So lange ich noch Käs und Brod hatte, hielt ich mich daran, und genoß nichts anderes.

Wir nahmen also von den guten Leuten Abschied, und machten unsere Reise nach Reikjavik auf demselben Wege zurück, den ich schon auf der Herreise gemacht hatte. – Es war dieß bei der Abreise von Reikjavik nicht in meinem Plane gelegen; ich wollte gleich von Thingvalla den Weg nach dem Gaiser, Hekla u. s. w. einschlagen; allein die Pferde waren schon erschöpft, die Witterung war so furchtbar schlecht, und ließ so gar keine baldige Aenderung hoffen, daß ich es vorzog, nach Reikjavik zurück zu kehren und da in meinem freundlichen Stübchen bei meiner guten Bäckerfamilie auf bessere Tage zu warten.

Wir ritten, so gut es ging, unter beständigen Regengüssen und Stürmen. Das Unangenehmste war, daß wir die Raststunden unter Gottes freiem, heute wie gestern, sehr unfreundlichem Himmel, ausharren mußten, da es auf dem ganzen Wege keine andere Hütte gab, als jene in der Lavawüste, die den Reisenden im Winter zur Station dient. Wir zogen also fort, bis wir eine magere Wiese erreichten. Hier konnte ich nun zwei Stunden entweder spazieren gehen, oder mich in das nasse Gras setzen. Ich wußte nichts Besseres zu thun, als Sturm und Regen den Rücken zu kehren, auf demselben Flecke stehen zu bleiben, mich in Geduld zu fassen, und zum Zeitvertreib den Gang der Wolken zu studieren. Mehr aus Langweile als aus Hunger verzehrte ich dabei mein frugales Mahl; – fühlte ich Durst, durfte ich mich nur umwenden, und den Mund öffnen.

Wenn es Naturen gibt, die zum Reisen geboren sind, so ist eine davon, glücklicher Weise, die meine. – Keine Nässe, keine Erkältung war vermögend, mir auch nur einen Schnupfen zuzuziehen. – Ich hatte während der ganzen Tour keine warme, oder überhaupt kräftige Nahrung genossen, ich hatte alle Nächte auf Bänken oder Kisten geschlafen, hatte in sechs Tagen bei 55 Meilen gemacht, und war noch dazu in der Höhle Surthellir tüchtig herum geklettert, – und trotz all diesen Entbehrungen und Strapatzen kam ich munter und gesund in Reikjavik an.

Kurze Uebersicht dieser Reise:

	Meilen.
Erster Tag: Von Reikjavik bis Thingvalla	10
Zweiter Tag: Von Thingvalla bis Reikholt	11
Dritter Tag: Von Reikholt an die verschiedenen Springquellen und wieder zurück in den Ort	4
Vierter Tag: Von Reikholt bis Surthellir und zurück nach Kalmannstunga	8½
Fünfter Tag: Von Kalmannstunga nach Thingvalla	11
Sechster Tag: Von Thingvalla nach Reikjavik	10
	———
	Meilen: 54½

**Karte
der Südwest-Küste**
der
INSEL ISLAND

entw. nach Makenzie, mit der Reiseroute der Frau
Ida Pfeiffer
im Jahre 1845.

Pest 1845. bei Gust. Heckenast
lith. u. gedrukt bei J. Rauh.

[hier klicken für größere Abbildung]

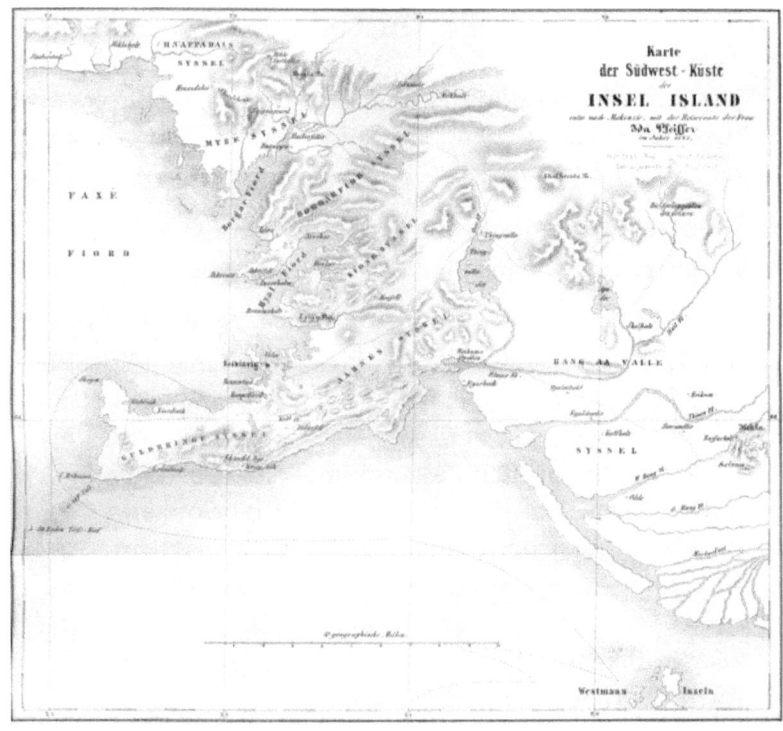

Fußnoten

[1]: Ich erzähle diese Kleinigkeit, um dadurch jeden Reisenden zu warnen, sich von seinen Effekten zu trennen.

[2]: Zur See rechne ich Seemeilen, wovon vier auf eine geographische gehen.

[3]: Es würde mir sehr leid thun, wenn ich etwa durch diese meine Beschreibung, »Lebensweise auf dem Schiffe,« den wackern Herrn K. beleidiget hätte. Allein ich setze voraus, daß Jedermann weiß, daß das Leben auf einem Schiffe ganz anders ist, als aus dem festen Lande, im Kreise der Seinigen. So kann ich ebenfalls versichern, daß Herr K. nicht nur in Kopenhagen, sondern, was viel mehr sagen will, auch auf Island sehr angenehm zu leben wußte, und sich aller Comforts, wie man sie nur in den großen Städten Europas haben kann, erfreute.

[4]: Spanische Wogen oder Wellen nennen die Schiffer jene, welche von der Westseite her aufspringen, und sich durch ihre Größe auszeichnen.

[5]: Dieses Backhaus ist das einzige in Island; man bekommt so gutes Brod und Zwieback als in Dänemark.

[6]: Rahm wird das Obers oder der Schmetten schon

in Hamburg genannt, und in Island verstand man dieses Wort auch noch.

[7]: So viel, als in unserm Lande ein Pacht- oder Freihof.

[8]: Handschuhe, die blos den Daumen, sonst keine Finger haben.

[9]: Man vergesse nicht, daß zu dieser Zeit gar keine Dämmerung, viel weniger Nacht ist.

[10]: Die Geschichte sagt von diesem großen isländischen Dichter, daß durch seinen Verrath die freie Insel Island unter den norwegischen Scepter gekommen sei. Er durfte sich deßhalb in Island nirgends ohne große Bedeckung zeigen, und besuchte den Althing zu Thingvalla stets in Begleitung eines kleinen Heeres von 5 bis 600 Mann. In Reikiadal wurde er endlich in seinem Hause von seinen Feinden überfallen, deren Streichen er nach kurzer Vertheidigung erlag.

Hinweise zur Transkription

Das Originalbuch ist in Frakturschrift gedruckt.

Der Text des Originalbuches wurde grundsätzlich beibehalten, mit folgenden Ausnahmen:

der Halbtitel wurde entfernt;

im Inhaltsverzeichnis bei "Vorrede" wurde die Seitenzahl "I" eingefügt;

"Ui" als Umlaut wurde generell in "Ue" geändert;

Seite 24:
"Eeiner" geändert in "Einer"
(Einer der mittleren Pfeiler gab nach)

Seite 32:
"nchts" geändert in "nichts"
(Von dieser Tour kann ich weiter nichts sagen)

Seite 49:
"." eingefügt
(Der schönste ist der Königsneumarkt (Kongensnytorf).)

Seite 58:
"." eingefügt
(mit solch einem Wesen unter einem Dache zu wohnen.)

Seite 65:
"uur" geändert in "nur"
(nur der frohen Hoffnung, mein lange geträumtes)

Seite 68:
"." eingefügt
(durchdringenden Kälte eines nordischen Sturmwindes machen.)

Seite 82:
"»" eingefügt
(»Im Jahre 1402 brach auf der Insel die Pest)

Seite 83:
"»" eingefügt
(»Die Isländer litten im 15. Jahrhundert viel von)

Seite 83:
"." geändert in ","
(ereignete sich im Jahre 1627, als ein großer Haufe)

Seite 88:
"," nach "Rauch" entfernt
(Der Rauch verbreitet sich bis beinahe in die Stube)

Seite 98:
"." eingefügt
(in dem Eigennutze dieser Menschen.)

Seite 106:
"die er" geändert in "dieser"
(Auf dieser Insel kennt man den Gebrauch eines Wagens)

Seite 124:
"uud" geändert in "und"
(sind französisch, und zwar ziemlich nach der Mode)

Seite 132:

"Aeßerungen" geändert in "Aeußerungen"
(denn nach den Aeußerungen des Stiftsamtmannes dachte ich)

Seite 136:
"frölichen" geändert in "fröhlichen"
(nun Anstalten zu einem fröhlichen Mahle getroffen wurden)

Seite 138:
"nnd" geändert in "und"
(an Ort und Stelle festgenagelte Bänke)

Seite 140:
"anf" geändert in "auf"
(meine eigenen Hände auf sie gelegt)

Seite 145:
"." eingefügt
(je zwei und zwei auf einander gethan.)

Seite 158:
"." eingefügt
(da es in dieser Jahreszeit hier nie Nacht wird.)

Seite 174:
"Reikiavik" geändert in "Reikjavik"
(viel geringer sei, als jene von Reikjavik nach Thingvalla)

Seite 178:
"." eingefügt
(beladen waren. Die armen Thiere bemerkten natürlich auch)

Seite 206:
"Kalmanstunga" geändert in "Kalmannstunga"
(mit dem Engelsköpfchen kosen, das ich in

Kalmannstunga sah)

Seite 207:
"Kalmantunga" geändert in "Kalmannstunga"
(Die Reise von Kalmannstunga nach Thingvalla beträgt 11 Meilen)

www.ingramcontent.com/pod-product-compliance
Lightning Source LLC
Chambersburg PA
CBHW030349170426
43202CB00010B/1305